提 香

提　香

[德]卡明斯基　著

朱橙　译

北京出版集团公司
北京美术摄影出版社

Special edition

Original title: *Meister der italienischen Kunst – Tizian*
ISBN 978-3-8331-3775-4

Project Manager and Editor: Ute E. Hammer
Assistant: Jeannette Fentroß
Editor: Anja Eichler
Layout: Andi Huck, Aladdin Jokosha
Cover Design: Simone Sticker

图书在版编目（CIP）数据

提香 /（德）卡明斯基著 ；朱橙译. — 北京 ：北京美术摄影出版社，2015.4
书名原文：Masters of Italian Art：Titian
ISBN 978-7-80501-739-6

Ⅰ. ①提… Ⅱ. ①卡… ②朱… Ⅲ. ①提香，V.（1476 ～ 1576）—传记 Ⅳ. ① K835.465.72

中国版本图书馆CIP数据核字(2015)第 025557 号

北京市版权局著作权合同登记号：01-2012-8438

责任编辑：钱　颖
助理编辑：耿苏萌
责任印制：彭军芳

提香
TIXIANG
[德]卡明斯基　著
朱橙　译

出　版　北京出版集团公司
　　　　北京美术摄影出版社
地　址　北京北三环中路6号
邮　编　100120
网　址　www.bph.com.cn
总发行　北京出版集团公司
发　行　京版北美（北京）文化艺术传媒有限公司
经　销　新华书店
印　刷　北京汇瑞嘉合文化发展有限公司
版印次　2015年4月第1版　2019年11月第2次印刷
开　本　216毫米×253毫米　1/16
印　张　8.75
字　数　104.5千字
书　号　ISBN 978-7-80501-739-6
定　价　78.00元
质量监督电话　010-58572393
责任编辑电话　010-58572670

目录

早年生涯：来自皮耶韦-迪卡多尔的提香·韦切利奥——贝里尼——乔尔乔内
6

深入阅读：芳达科大厦
14

初步成功：首件创作委托——自己的画室——威尼斯共和国画师
18

威尼斯的创作委托以及为北意大利王室绘制的作品——提香给威尼斯艺术带来了巨大变革
30

身处威尼斯共和国与神圣罗马帝国之间的提香——作为叙事元素的风景
42

深入阅读：提香位于大比利的宅邸
55

神圣罗马帝国皇帝与梵蒂冈教皇：“样式主义的危机”——提香的罗马之旅
72

深入阅读：教皇保罗三世和他的孙子——提香为这位教皇绘制的肖像画
86

提香的晚年创作——色彩的动力学
100

艺术家年表
136

术语表
137

参考文献
140

图片版权
140

早年生涯：
来自皮耶韦-迪卡多尔的
提香·韦切利奥——贝里尼——乔尔乔内

图 1 阿戈斯蒂诺·卡拉奇
《提香》，1587年
铜版画，32.7厘米×23.6厘米
德国柏林国立普鲁士文化遗产图书馆，柏林

这幅铜版画的原型来自提香为年逾六十的自己绘制的一幅肖像画。此画极有可能是现存最早的艺术家自画像。提香并没有为年轻时的自己绘制过任何肖像画。

虽然在提香还活着的时候就有关于他的多本传记问世，但我们不知道他是什么时候出生的。在这些叙述了此人生平的著述中，有一本出自他的亲密好友，作家和艺术理论家卢德维柯·多尔齐（1508—1568 年）之手。1557 年，在这本题为《论绘画或阿雷蒂诺》的书中，多尔齐写道，当 1507 年提香还在著名的建筑“德国仓库”（芳达科大厦）中工作时，他大概 20 岁。提香的另 位传记作家，佛罗伦萨艺术家、建筑设计师和艺术史家乔吉奥·瓦萨里（1511—1574 年），也将提香的出生日期定位在 1488 年或 1490 年左右。尽管如此，学术界长久以来却认为，提香的诞辰要比上述的时间点早得多，大概为 1476 年。原因如下：在 1571 年写给西班牙国王的一封信中，提香自称已有 95 岁的高龄。但他之所以这样做，可能是为了催促对方加快支付拖欠已久的报酬。如果提香所说的话为真，那么这便意味着，他在 1576 年去世的时候大概已经活了 100 岁了。但是，即便提香于 1490 年左右出生——根据其作品年表来看，这个时间点更有可能——他仍旧会享受一段格外漫长但却充满了创造力的生命。在将近 70 年的漫长一生中，提香持续发展他的艺术，不断求新求变，而他采用的方式则成功开创了一个几乎前无古人、后无来者的神话。

在 15 世纪的最后几个年头，当时大概只有 10 岁左右的提香·韦切利奥，为了在镶嵌细工大师塞巴斯提阿诺·祖卡托（？—1527 年）的作坊中接受正规的训练，便在他的长兄弗朗切斯科（后来也成了一名画家）的陪同下来到了威尼斯。他们来自一个叫作皮耶韦－迪卡多尔的小村庄，此地位于阿尔卑斯山的群峰之间，如今距意大利和奥地利的边界处大概只有 40 公里，提香所在的家族世世代代都定居在那里。提香和弗朗切斯科的父母——露西娅和格雷戈里奥·维切里伯爵，因待人接物谦谦有礼而备受当地人的尊敬。他们的祖父曾经成功抵御了神圣罗马帝国皇帝马克西米连一世属下军队的入侵。我们尚不知道为什么提香的父亲为了让他的两个儿子接受训练、踏上艺术之途，而把他们送到威尼斯的叔叔处，但无可争议的是，他独具慧眼，发现并培养了儿子的天赋，仅凭这一点，他便赢得了世人的尊敬。

16 世纪初，提香和弗朗切斯科兄弟俩所前往的威尼斯是当时欧洲人口最为密集的城市之一。威尼斯人自豪地宣称，他们的城市是一个共和政体的国家——当时的威尼斯占地广阔，范围遍及被称为“内陆”的陆地板块、伊斯的利亚半岛以及东南地中海。贵族阶层统治着这座城市，在这些贵族中又选举出参议院和共和国总督，后者作为国家元首，其职责是出席官方场合并发挥政治效能。除了贵族以外，富裕的市民阶层在威尼斯社会中也占据着举足轻重的地位。再接下来就是数量巨大的平民，这些人占据了人口的绝大多数。他们也能参与共和国的行政管理，主要通过大量不对贵族开放的公务职位，但也有凭借宗教兄弟会（学校）的方式完成对国家生活的干预。

16 世纪初，在神圣罗马帝国皇帝、教皇和法国国王三方势力争夺意大利霸权的动荡形势中，被夹在中间的威尼斯痛苦不堪。曾几何时，威尼斯甚至面临丧失其大陆地区全部领土的重重危机。但这座岛屿城市本身却几乎从来没有遭到攻击，更别说被占领和征服了。天然的水障为威尼斯竖立起了一道坚不可摧的城墙。通过国际贸易而获得的财富，稳定的政府形式与高明的行政体系的结合所带来的稳定，这番盛世景象确保了威尼斯可能是欧洲最安全的城市。此外，它的公民还享有高水平的知识教育以及宗教自由的权利，只要他们不危及共和国的统治即可（虽然我们现在明白这样一种原则具有多么强的约束力）。

正如卢德维柯·多尔齐所记载的那样，年轻气盛的提香很快便离开了镶嵌画师祖卡托的作坊，并改行学起了油画。他随后进入有名的威尼斯画家简梯尔·贝里尼（1429—1507 年）经营的画室继续学习。在威尼斯，这间画室鼎

图 2《教皇亚历山大六世将雅各布·佩萨罗引见给圣彼得》，1502—1512 年或约 1520 年
布面油画，145厘米×183厘米
皇家美术博物馆，安特卫普

某些学者认为，此画是提香最早绘制的作品，最初是用来纪念 1502 年西班牙、威尼斯和教皇国的联合舰队击败土耳其人的光辉事迹。教皇国舰队的指挥官是威尼斯红衣主教雅各布·佩萨罗，正是此人委托提香创作了这件作品。跪在圣彼得身前的佩萨罗穿着一袭马耳他骑士的黑色披风，手握一杆随风飘扬的军旗，上面绘有一幅象征教皇亚历山大六世的盾形纹章。站在佩萨罗身后的教皇正在向圣彼得引见这位优秀的指挥官。在当时的威尼斯，艺术家不去表现圣人，而是以这种方式描绘一个世俗的人，实在是太不寻常了。

鼎有名，其偌大的名声建立在简梯尔的父亲雅各布·贝里尼（约 1400—1470 年）的作品之上。简梯尔的弟弟乔瓦尼（约 1430—1516 年）被认为是最上进且最具有天赋的艺术家之一，名声响彻意大利北部。但就社会荣誉而言，简梯尔更为成功。1469 年，他被神圣罗马帝国皇帝封为贵族。1479 年，他被共和国官方派至土耳其，为这个国家的苏丹绘制肖像。他所接受的创作，比如修复总督府“大议会厅”中的壁画，是威尼斯政府能够给予的最重要的委托。但是，提香很快就离开了简梯尔，全心全意跟着乔瓦尼·贝里尼学画，后者的画风在 15 世纪末至 16 世纪初的时候统治了威尼斯艺坛。

简梯尔·贝里尼的艺术仍然植根于 15 世纪的文艺复兴传统。相比之下，乔瓦尼则是威尼斯第一个使用油画技术的艺术家。这种发源于尼德兰的新式媒介能够让艺术家的创作风格更显自由，而且，相比较于传统的丹培拉技艺，这种媒介对颜色的使用范围更加宽广，因为油画颜料能够互相调和，形成各种不同的色调，而用丹培拉调和出来的颜色种类很少。此外，丹培拉的绘画方式局限性更大，因为它要求艺术家逐层将颜色叠加起来，每一层颜色都是用非常短的笔触描绘出来的，这样颜料就会

图3（左图）乔瓦尼·贝里尼
《神圣对话》，1505年
木板油画，后被转移至布面，500厘米×235厘米
圣萨卡利亚教堂，威尼斯

提香以五彩斑斓的色彩刻画了基督的圣徒。他们身着宽大的长袍，沉浸在思想的海洋中，皆安静地站在圣母玛利亚的王座周围。画中的男性形象尤其可与《教皇亚历山大六世将雅各布·佩萨罗引见给圣彼得》（图2）中圣彼得的形象相媲美。

图4、图5（对页，上图和中图）《阿多尼斯的诞生》和《波吕多洛斯的传奇》，约1505—1510年
木板油画，每幅35厘米×162厘米
民间博物馆，帕多瓦

将这两件作品归在提香名下充满了争议。它们便是所谓的镶板绘画，即完成后的画板是专门嵌入木柜之中的，作为一种装饰的样式。每幅作品都表现了奥维德的《变形记》中所记述的一段情节，共分为三个场景。在《阿多尼斯的诞生》（图4）中，位于画面中心的是一群人，他们正将还是幼儿的阿多尼斯从其母亲变作的树枝的缠绕中解救出来。画面的左侧描绘了一对情侣，这个主题意欲说明阿多尼斯诞生的最初过程，而画面右侧表现的是即将恋上阿多尼斯的维纳斯，爱神的出现也指明了美少年阿多尼斯的未来。在《波吕多洛斯的传奇》（图5）中，谋杀波吕多洛斯的场景发生在绘画的右侧边缘。奉父王普里阿摩斯的命令，波吕多洛斯将特洛伊的黄金交给了他的姐（妹）夫保管，但后者出于贪婪谋杀了他，独吞了这批黄金。在画面的中心，远处正在燃烧的特洛伊城隐约可见。画面左侧的女性形象被认为是赫卡柏（波吕多洛斯的母亲）以及一位奴仆。

干得非常快。从艺术家的角度来说，乔瓦尼对光色与空间的出色处理及其笔下的那些五彩缤纷、漂亮丰满的人物形象，使他在16世纪初期成为了威尼斯画家的翘楚。15、16世纪之交，几乎所有的威尼斯画家都借鉴了乔瓦尼的艺术风格。1505年，德国艺术家阿尔布雷希特·丢勒（1471—1528年）第二次游历威尼斯，对此，他评论道，虽然当时的乔瓦尼已然是一副老态龙钟的模样，但此人仍然是威尼斯最优秀的艺术家。

那些被我们确定为提香绘制的早期作品，明显体现了贝里尼艺术的影响，尤其是它们对光和色的处理极为相似。当创作《教皇亚历山大六世将雅各布·佩萨罗引见给圣彼得》（图2）的时候，提香可能仍然受雇于贝里尼的画室。此画也被认为是提香最早期的作品之一，它的构图与乔瓦尼的许多作品存在诸多相似之处，以至于某些学者认为，此画应该是由乔瓦尼开始创作，而经提香之手最后完成的。根据他们的说法，乔瓦尼分两个阶段绘制了这幅作品，第一步亲自完成圣彼得头部的描绘，接下来在随后的某个时间，将剩余的创作留给了他

的学生提香。对这幅作品的X光扫描也明确表明，此画的创作经历了两个阶段。

其他学者则认为，提香完成这件作品的时间应该是在1503—1507年之间，中间可能还有一段间歇期，此时，他仍然完全处于贝里尼艺术的阴影中。在人物形象的布置以及厚重衣物折痕的处理中，我们都可以发现乔瓦尼的影子。光线与阴影的交织突出了衣服的实体效果，从而衬托出人物的体形。画中的人物形象可与贝里尼为梵蒂冈圣匝加利亚教堂创作的祭坛画（图3）中的人物形象相媲美。提香对圣彼得头部的描绘，也可以在贝里尼的祭坛画中见到。在提香早期创作的许多作品中，我们都可以发现贝里尼描绘衣物的方式，在离开后者的画室后，提香还用这种方式画了很长一段时间，从圣马可大教堂的祭坛画（图16）到帕多瓦圣学院教堂的湿壁画（图13—图15），不一而足。

在16世纪初的威尼斯画坛，除了贝里尼之外，还有一位年轻艺术家也对威尼斯的绘画风格产生了重要影响。此人便是乔治·达·卡斯特尔弗兰克，一般被称为乔尔乔内（1477/1478—1510年）。他的主要赞助人并非老式的社会精英，而是新晋的贵族。此人的大部分作品都是为懂画的行家里手这个小圈子创作的，他将传统的艺术主题做了一番修改，以适合这些人知识丰富、品位高雅的特点。此外，为了迎合赞助人的喜好，他还发明了一些关于神学、文学以及占星学典故的新式题材。乔尔乔内作品中所蕴含的主题通常是如此的神秘，以至于要理解它们仍然不是一件容易的事。虽然威尼斯艺术自古以来便有绘制风景的习俗，但在乔尔乔内的绘画中，风景被赋予了一个更加突出的地位。在乔尔乔内笔下，人物的动作颇为拘谨，面部也缺少表情，或者最多露出忧郁的神情。他的作品传达出了一种情绪，这种情绪也弥漫于那个时代的文学作品中，尤其是在诗人雅各布·桑纳扎罗（1457—1530年）创作的一首田园牧歌式的浪漫诗作《阿卡迪亚》中可以明确感受到。这首诗情绪忧郁地表达了诗人对一种虚构的理想主义古典时代和牧羊人的沉思生活的深切怀恋，乔尔乔内的同时代人只有在美梦、文学和绘画中才能抵达那个神奇的世界。一般而言，作为一种表述优雅知识的感性手段，忧郁在其中扮演了一个重要

图6《俄耳甫斯与欧律狄刻》，约1510年
木板油画，39厘米×53厘米
卡拉拉学院，贝加莫

在这幅画中，空旷的风景是提香受乔尔乔内的影响绘制的早期作品的一个典型特点。经过岁月的无情洗涤，地表植被的绿色——这种色彩极为迷人，并与右侧背景中的红色火焰和淡黄色的天空形成了鲜明对比——几乎已经完全变成了褐色。

图7（上图）乔治·达·卡斯泰尔夫兰克，被称为乔尔乔内
《沉睡的维纳斯》，约1508—1515年
布面油画，108.5厘米×175厘米
国家艺术收藏，老大师油画馆，德累斯顿

这就是1525年威尼斯人马克·安东尼奥·米歇尔在杰罗尼莫·马塞洛的宅邸中看到的那幅画。他对此画作出了非常重要的注解，即提香在乔尔乔内创作的原画的基础上添绘了风景以及一个小天使的形象，后来的X光检测也证实了这一说法的有效性。沉睡的维纳斯的斜躺姿势即将成为提香笔下的维纳斯的典型特点。

图8（右图）《田园合奏》，约1510—1511年
布面油画，110厘米×138厘米
卢浮宫博物馆，巴黎

两个穿戴整齐的年轻男人和两个赤身裸体的女人的内涵至今仍不明确。虽然现在此画的标题通常叫作《田园合奏》或《乡村音乐会》，但有关此画的主题以及到底是谁创作了这幅画，仍然存在诸多争议。以前的艺术界通常认为，此画的创作者或仅仅是乔尔乔内一人，或是提香和乔尔乔内两人。鉴于提香作品的早期风格，此画如今被认为是提香单独创作的作品，虽然并非所有的学者都支持这种观点。

角色。许多青年艺术家极为崇拜乔尔乔内，并在艺术中使用了他发明的新式题材和样式。诸如《阿多尼斯的诞生》（图4）和《波吕多洛斯的传奇》一类的绘画作品便表明了乔尔乔内对提香早期艺术创作的深刻影响，虽然针对这些作品的归属问题，学界还存在一些争议。

提香和乔尔乔内之间的关系（乔尔乔内比提香大10岁，也是在贝里尼的画室中接受的训练），同他与贝里尼的关系是不同的。虽然提香的作品明显体现了贝里尼艺术的影响，但我们很容易将他的作品与其老师的作品区别开来。很长一段时间以来，同样的说辞也适用于提香和乔尔乔内之间的关系。现在许多被认为出自乔尔乔内之手的作品，曾经被我们归于提香的名下，反之亦然。1931年，通过照射X光，证明在《沉睡的维纳斯》（图7）画面左侧曾经绘有一个小丘比特的形象。这件曾被归在乔尔乔内名下的作品，证实了一个古老的传说，即传言画中的裸女是乔尔乔内画的，但提香在此基础上描绘了风景和丘比特的形象。此举也证实了这个说法，即两位画家在其他作品中亦有通力合作，比如《田园合奏》（图8）。在这件作品中，提香完全采用了比他年长的乔尔乔内的艺术风格。但是，在最近两次关于提香作品的重要展览期间（1990年的威尼斯和华盛顿，以及1993年的巴黎），学术界提出了一种

图 9《吉卜赛圣母》，约 1512 年
木板油画，5.8厘米×83.8厘米
艺术史博物馆，维也纳

这幅画的标题是根据圣母玛利亚的黑色头发、暗淡的面容，以及画面色彩的有趣对比推导出来的。画中的玛利亚长着一双清澈透亮的黑眸，这种类型的圣母形象仅见于提香的早期作品。

新的解释，提香和乔尔乔内两人之间的关系也随之变得扑朔迷离。在 1990 年准备展览的过程中，通过技术手段，我们得以在提香更为宽阔且随意的笔触与乔尔乔内更为精致且典雅的手法之间作出区分。如果我们意欲更清楚地了解提香的早期作品，此乃最基本的手段。它表明了提香是一位这样的艺术家：与那个时代的其他年轻艺术家一样，提香在题材的选择方面亦追随乔尔乔内，但他对色彩的使用，以及对人物形象的处理和独创性的追求，更多地受到了乔瓦尼·贝里尼的影响。他们之间的关系现在被认为是互惠互补的，这导致他们不断地参与对方的艺术创作。现在，学界一致认为，提香的付出与收获是相匹配的。

在最早创作的作品中，提香学习了贝里尼的艺术主题与风格，同样，乔尔乔内对他的影响也非常大。比如《吉卜赛圣母》（图 9）和《贞洁圣母》（图 10）中的人物半身像，就完全源自贝里尼独创的圣母样式。但在《吉卜赛圣母》这件作品中，提香对画面的自我掌控已经表现得非常明显了。将浅蓝、白色和暗红等不同颜色予以不同寻常但又略显微妙的调和，以及

图10《贞洁圣母》，约1515年
木板油画，后转移至布面，81厘米×99.5厘米
艺术史博物馆，维也纳

在这幅表现圣母半身肖像的绘画中，提香仍旧完全遵照了一种处理图像的习惯方法，具有典型的乔瓦尼·贝里尼的作品风格。圣约瑟位于画面的左侧，而施洗者约翰的父亲撒迦利亚位于圣母玛利亚的右侧。被描绘成了一个裸身男童的约翰正将手中的樱桃递给圣母，这幅画也由此得名。

圣母玛利亚和圣婴耶稣的出神目光，也提醒了许多学者，这件作品在很大程度上受到了乔尔乔内的影响。有时候，这幅画也被归在后者的名下。圣母身后的风景与乔尔乔内的名作《沉睡的维纳斯》（图7）中的背景密切相关。但是，在画境中看起来相当奇怪的卷轴，以及衣物上的光影交织，都明确表明了这幅画出自提香的创作，因为这些元素正是源于贝里尼的艺术，但提香将其改造成了自己的风格，并在随后的艺术生涯中，将这种风格继续发展了下去。

1505年，威尼斯的一栋用于德国商人集会的建筑，即所谓的芳达科大厦遭遇了火灾。在此之后，提香和乔尔乔内同被委以装饰建筑正面的重任。起初，丝毫没有迹象表明，这两位艺术家会因为在这个创作委托中绘制壁画而最终收获了巨大的声誉。正如卢德维柯·多尔齐所言，考虑到提香当时还不满20岁，这些令人瞩目的壁画仅仅是其无与伦比的艺术生涯的预演罢了。

深入阅读：芳达科大厦

在某个历史阶段，大部分前往威尼斯旅游的人很可能都会到里亚托桥附近的主邮局看看。但是，很少有人会意识到，这栋建筑的前身是德国商人的住宅，即所谓的“芳达科大厦”。提香正是因为给这栋建筑绘制了壁画，才引起了威尼斯公众的注意。

根据以前的资料显示，这栋用于德国商人集会的建筑始建于1228年。“芳达科”这个词来源于阿拉伯语“funduk”，意为“商店”。起初，外国商人必须住在芳达科，而且将他们的货物存放在此地。到了提香那个时代，关于住在芳达科的规定被予以放宽，没有过去那么严格了。芳达科里面的房间都非常窄小，甚至用于大型商业贸易的地方通常也只有一个房间，用于商人住宿、储存货物和进行商业交易。在这里，商人储存了大量货物，比如皮毛、蜡以及其他产品，这些商品都是用来和威尼斯人交换来自东方的奢侈品的，比如香料、丝绸和宝石。这栋建筑曾经充满了各种不同的气味和声音，有包装工人和海关官员的叫喊声，也有行人的窃窃私语，但更多的是繁忙的交易活动。直到夜晚，白日的喧嚣终于停止了，宁静统治了一切。一般而言，妇女是不准进入芳达科大厦的。人们统一在两间规模巨大的饭厅用餐。这栋建筑本身设有海关邮政服务，对德国商人而言，这令事情变得更加容易了，因为之前在交易的过程中，他们的行为一直任由他们在威尼斯的贸易伙伴操纵，事情进展得并不顺利。许多公司全年都派代表前来处理商业贸易，这些商人享有自己的司法权，并不受当地政府的管辖，威尼斯当局也不准在芳达科大厦里面追捕他们。考虑到他们的利益，只有最重要的威尼斯贸易伙伴才能被允许拥有这样一栋用于商人集会的住宅。除了德国人之外，只有三个贸易伙伴享有同样的待遇，他们分别是土耳其人、波斯人和阿拉伯人。

自不必说，这种将重要的贸易伙伴集中起来的行为必然有益于威尼斯的广大民众。在这栋建筑中工作的威尼斯官员只对威尼斯当局负责，而来往于此地的海关官员、包装工人以及律师，也充当了威尼斯政府的间谍。只有通过威尼斯共和国政府雇用的掮客，即所谓的经纪人，交易才能达成。他们监督商业交易，当有人遇到法律和语言方面的问题时，他们也会提供帮助，这些人的本职工作是不断地与德国商人打交道。但到了16世纪，这栋建筑大体上已经变成了一处荣誉场所，被赠送给了服务公众的杰出市民，其中就包括艺术家。他们每年都会得到一定数额的补贴，而且不用缴税。

考虑到芳达科对威尼斯共和国具有不可忽视的重要意义，那么，当1505年它被大火烧毁的时候，威尼斯政府立即出资予以重建，就一点儿也不奇怪了。

威尼斯共和国政府确保重建的是一栋恰如其分但绝不宏伟的建筑。为此，当局明确规定，禁用任何具有建筑特征的元素来装饰墙壁，所以，他们决定在墙上绘制壁画，这在当时威尼斯的许多建筑中极为普遍，此举还能赋予这座城市一个更加五彩缤纷的外表，色彩之斑斓更胜于今日。被委托进行创作的艺术家是两个非常年轻的人，他们分别是乔尔乔内和提香，后者还是一位不太出名的艺术家。可能当时就连他们本人也没有想到，这些壁画在威尼斯画坛会引发怎样的轰动。

图11《芳达科大厦》，1505—1508年
威尼斯

1505年的一场大火烧毁了德国商人用以集会的建筑。在威尼斯政府的资助下，以及德国建筑师希罗尼穆斯、威尼斯人乔吉奥·斯帕文托和斯卡帕格尼诺的规划下，芳达科大厦（原德国商人的住宅）得以重建。

图 12《朱迪斯》(《正义》)，1508—1509 年
壁画残件，213厘米×346厘米
黄金宫，威尼斯

这幅壁画原先位于芳达科大厦临街入口的那面墙壁。画中的那个令观者神魂颠倒的强壮有力、半身裸体的女性人物形象如今仅残留了些许碎片。此人正是朱迪斯，她同时也是正义的一个化身。位于朱迪斯脚边的荷罗孚尼的头部形象已然不复存在了。由于潮湿的海洋性气候，那些曾经赋予了威尼斯建筑立面以色彩斑斓、辉煌明亮的外表的无数壁画，都遭受了同样的命运。

初步成功：首件创作委托——自己的画室——威尼斯共和国画师

图 13—图 15《帕多瓦的圣安东尼的生活场景》

帕多瓦圣学院教堂是圣安东尼隐修会的集会场所，位于广场的边缘。广场的后方是一座教堂，埋葬了圣芳济隐修会的那个著名的圣人。1510/1511 年，与其他画家一样，提香也参与绘制了表现这位圣人生平故事的壁画，用于装饰集会厅上端的两侧墙壁。在提香的众多画作中，它们是第一批能够明确创作日期且保存完好的作品。

图 13（对页）《新生儿的奇迹》，1511 年
壁画，340厘米×355厘米
圣学院教堂，帕多瓦

圣安东尼创造了一个奇迹，在这个奇迹般的场景中，一个新生的婴儿正在为他的母亲辩护，后者被控触犯了通奸的罪行。细致入微的观察、极端个性化的脸谱展现了提香的高超技艺，即便这件作品还处在艺术生涯的早期阶段。

芳达科大厦的壁画创作大约完成于 1508 年或 1509 年。当乔尔乔内在面向大运河的建筑正面创作壁画的时候，更为年轻、名气也不如乔尔乔内的提香不得不动手装饰建筑的侧面，两者的重要性显然有所不同。如今我们不再确定当时的提香仍是乔尔乔内画室的一员，但在之前，这种观点被认为是理所当然的。现在的芳达科大厦仍旧保留了一些零零碎碎的壁画残件，证实了两种截然不同的艺术个性曾经在此轮番上演。乔尔乔内描绘的站立的女性裸体形象，与《沉睡的维纳斯》（图 7）一样精美和雅致。艺术家以柔和形式塑造的程式化的典雅，属于诗意的梦幻世界，而提香的《朱迪斯》（《正义》，图 12）也同样散发出了强烈的身体存在感，虽然其保存状况着实令人担忧。一年以后，提香完成了帕多瓦圣学院教堂的壁画（图 13—图 15）创作。同样明显的身体存在痕迹亦可见于充满争议的神秘画作《田园合奏》（图 8）中的裸体形象。但是，针对出现在画中的来自社会各阶层的男人以及置身于风景之中的裸体女人，目前学界还无法给出最终的阐释。并非所有学者都认为，这幅画应该被归在提香的名下。然而，对现代的观众而言，此画在视觉上阐明了当时盛行的人们对阿卡迪亚世界的无限渴求。和提香的这件作品一样，此种渴望在无数深受乔尔乔内影响的威尼斯绘画中变得有形了，虽然我们不可能用最终的阐释将其表述出来。

乔尔乔内对提香的影响，最清楚地表现在后者对艺术主题的选择上面。即便在确定为提香创作的早期作品中，他仍然表现出了一种独立的艺术个性。虽然在主题的选择方面，提香深受乔尔乔内和贝里尼的影响，这点毋庸置疑，但他将这些艺术家的风格予以融合，并成功发展出了一种完全独立的新式风格。此外，他在很早的阶段便发现了制图艺术。1508 年，提香创作了第一幅大尺寸的木刻作品《基督的胜利》。采用各种不同的制图技术，以素描的形式为绘画成品创作草图，这些都是提香整个艺术生涯的典型特点。随着他的声名远播，其他艺术家也适时出现了，他们将提香的绘画作为制图作品分散到欧洲各地，其中最著名的是尼德兰艺术家科内利斯·科特（1533—1578 年）。

1510 年，提香接受了为帕多瓦圣学院教堂绘制壁画（图 13—图 15）的创作委托。所谓的圣学院教堂也是圣安东尼兄弟会成员约定见面的场所。这个重要圣人的陵墓位于圣安东尼大教堂中，距圣学院教堂仅有几步之遥。帕多瓦曾经短暂落入威尼斯的敌人康布雷同盟之手，后来再次成为威尼斯共和国的一部分。

威尼斯和这个同盟之间的战争，将共和国逼到了崩溃的边缘。属于同盟的一方包括法国、神圣罗马帝国以及教皇国。但是，双方敌对关系的结束并没有立刻缓解这座城市的危机。因为在 1509 年和 1510 年期间，威尼斯爆发了一场瘟疫，其中的一个受害者便是乔尔乔内。在这样的环境下，年轻的提香是不太可能获得创作委托的。但是，伊索拉的奥古斯丁圣灵修道会却要求提香创作一幅表现圣马可、瘟疫主保圣罗格和圣塞巴斯蒂安，以及医药主保圣科斯马斯和圣达米安的还愿图像（图 16）。这幅画再次表明了提香的艺术和乔尔乔内的风格之间存在密切的关联，因为他在创作《卡斯特尔弗兰克的圣母》（图 17）时首次使用了相似的构图，而圣塞巴斯蒂安的面部表情则让我们想起了提香笔下人物形象的忧郁外表。同时，提香对其他人物形象和衣物的艺术处理也体现了贝里尼的影响。画中人物与此画题材的直接相关性——其中一个例子便是那位神圣的医生，他正指向受伤的人，圣罗格正在将他的腿展现给旁人看——将这件作品与提香创作的其他人物画像区别了开来。然而，在此画中，我们仍能看出提香在作品题材和人物形象塑造方面对贝里尼和乔尔乔内的依赖，对于认为这件作品的创作时间在 1510 年左右的观点，这也是一个强有力的论据，因为事实即是如此：1510 年正是瘟疫结束的时间，这也是提香被委以创

图 14（对页）《愤怒之子的治愈》，1511 年
壁画，340厘米×207厘米
圣学院教堂，帕多瓦

由于用脚踢伤了他的母亲，画中的年轻男人一怒之下斩断了自己的脚，但圣安东尼却将他的足部重新接合起来，完成了治愈的奇迹。即使壁画创作的难度颇大——要求艺术家拥有极快的绘制速度，但提香还是成功地画出了辉煌壮丽的美景。

图 15（右图）《猜忌的丈夫的奇迹》，1511 年
壁画，340厘米×185厘米
圣学院教堂，帕多瓦

一位疾恶如仇的丈夫刺死了他的妻子，随后，懊悔自责战胜了嫉妒猜忌，他便转向圣安东尼求助，后者恢复了他的妻子的生命，完成了重生的奇迹。

图 16（左图）《圣人拥立圣马可为王》，约 1510 年
布面油画，218厘米×149厘米
安康圣母圣殿，威尼斯

这幅画的创作时间可能是在 1510 年令人恐惧的瘟疫爆发期间或此后不久。威尼斯的保护圣徒圣马可坐在高处，被众人拥立为王。他的身前站着瘟疫主保圣罗格和圣塞巴斯蒂安，以及位于左侧的医药主保圣科斯马斯和圣达米安。赞助人委托艺术家创作这些圣人形象的目的在于祈求这场瘟疫尽快结束，同时也表达了祈祷者对保护威尼斯这座城市的圣人的感激之情。

图 17（对页）乔吉奥·达·卡斯特尔弗兰克，被称为乔尔乔内
《卡斯特尔弗兰克的圣母》，约1506年
木板油画，200厘米×152厘米
大教堂，卡斯泰尔夫兰科韦内托

对比以往的圣母形象，此画中的玛利亚高高在上的坐姿显得大为迥异。由此，乔尔乔内便将一种有关“神圣对话”题材的新颖图式引入了威尼斯，这种创作类型即将获得巨大的成功。

图 18（对页）《不要碰我》，1511—1512 年
布面油画，109厘米×91厘米
国家美术馆，伦敦

“不要碰我”（拉丁语为 Noli me tangere）是基督对抹大拉的玛利亚说的话，载于《约翰福音书》第 20 章，第 14—18 节。在耶稣复活的那天早晨，基督碰见了抹大拉的玛利亚，并对她说了这句话。虽然，在某种程度上，画中人物的结构处理稍显笨拙，但基督和抹大拉的形象还是与占据大半画面的美丽风景取得了和谐一致的艺术效果。

图 19（上图）《一个男人的肖像》，约 1512 年
布面油画，81.2厘米×66.3厘米
国家美术馆，伦敦

画中人物的佯装坐姿是提香早期肖像作品的典型风格，虽然这段时期的创作还是深受乔尔乔内的影响。蓝色的袖子展现了他擅用色彩的能力。它既表明了提香具有刻画物质属性的才能，又彰显了他精通色彩这种能够传达绘画内涵的方式。

作这件作品的原因。结果，《宝座上的圣马可与圣人》以及为帕多瓦圣学院大教堂创作的日期确定的壁画，成为了提香最早创作的独立作品之一。

大约在 1510 年，提香绘制了《不要碰我》（图 18）和《音乐会》（图 20）两件作品。虽然，在某种程度上，人物的形体杂乱无章，但他在描绘基督和抹大拉时表现出了一种极为迷人的特质。这是擅用色彩的结果，尤其是他对白色颜料的处理，表明了提香是一个精于表现光线和色彩的大师。他能够赋予毫无色彩可言的材料以有形的触感和曼妙的光泽。在《音乐会》中，牧师身穿的白色贴身内衣同样表现了他擅用色彩的超凡能力。

但是，与此同时，《音乐会》似乎还另外具有一层类似肖像绘画的性质。在这个方面，乔尔乔内和提香都极大地受惠于乔瓦尼·贝里尼的作品。以尼德兰风格的作品作为创作的起点——比如，汉斯·梅姆林（约 1440—1494 年）就是最重要的模仿对象——贝里尼成功创作出了尼德兰式的肖像绘画，这类作品并非仅仅以极为写实的手法加以描绘。虽然仅仅绘制了人物的面部和肩膀，但贝里尼却通过调和色彩的方式，成功捕捉了创作对象的性格特点。色彩的彼此调和使得贝里尼只需画出几笔阴影，就能带给人一种精神焦虑或疲劳、节日的华丽或道德的谦卑之类的印象。

到目前为止，我们显然不太可能将提香和乔尔乔内的早期肖像作品区别清楚。只有提香更为宽阔的笔触以及他对能够反射光线的丝织物的极大兴趣，才能够让我们仔细地区分它们。相比较于贝里尼而言，乔尔乔内和提香都细致描绘了其作品对象的大部分。这就为他们提供了绝好的机会：通过仔细描绘他们的姿势、动作和着装，来刻画被画之人的性格特点。提香和乔尔乔内将色彩斑斓的背景——在贝里尼的作品中扮演了一个非常重要的角色——替换成了主体呈中性的黑色或灰色。再后来，提香在作品中加入了类似于幕布或窗帘之类的东西，偶尔，我们的视线也会忽然变得开阔，入目处皆是美丽如画的风景。

1510 年，提香开始获得独立的创作委托，作为一名画家，他在威尼斯已是声名远播。1513 年，提香创办了自己的画室，为此，他还专门雇用了两名助手，其中一人曾为乔瓦尼·贝里尼工作过。同年，他向威尼斯当局写了一封请愿书，要求自己获准为大议会厅，即位于威尼斯总督府参议院名下的集会大厅，创作一幅绘画。提香提交给“十人议会”的请愿书，为我们提供了一个绝好的机会，去深入了解他在艺术上的自信及其有关艺术创作方式的绝妙想法。

从 15 世纪 70 年代开始，重要的威尼斯画家都在从事修复大议会厅残破壁画的工作，而当复原的尝试失败后，取而代之的便是在画布上重新创作。贝里尼的画室承担了主要的工作。在这个重要的政府委托项目

图 20（右图）《音乐会》，约 1510 年
布面油画，86.5厘米×123.5厘米
碧提宫，帕拉蒂纳画廊，佛罗伦萨

1976 年，这幅画完成了最后的修复。自此，此画才被认为是由青年时期的提香创作的一幅作品。位于画面两侧的人物的面部都遭到了严重毁坏。我们只有根据画面中间的那个人物形象以及右侧人物的衣服，才能依稀辨别提香对色彩的精妙运用。在 16 世纪的时候，音乐家的形象是一个相当常见的绘画题材。但是，表现关系亲密的音乐家形象的绘画却相当罕见，在艺术史中更是凤毛麟角。位于画面左侧的青年通过凝视将观者引入了这个场景，画里和画外由此产生了联系。

图 21《神圣与世俗之爱》，1514 年
布面油画，118厘米×279厘米
博格塞画廊，罗马

纵观 20 世纪的艺术史研究，已有无数学者试图破解这幅画的内涵和意义。其中，两种最被认可的观点都赞成将画中的裸体女人解释为维纳斯。第一种观点认为，这个裸体女人是神圣或天堂的爱情的化身，而穿着盛装的女人，也是维纳斯，她是世俗的爱情、丰产和自然的化身。第二种观点认为，穿着衣服的女人是波莉亚，即文艺复兴时期的一本小说中的一个角色，此人起先发誓要过一种贞洁朴素的生活，但最终却成为了爱情的俘虏。

中，其他被雇用的画家还有阿尔维斯·维瓦里尼（约 1445—1505 年）和维托雷·卡尔帕乔（1455/1465—1526 年）。1577 年，发生在总督府中的一场大火毁掉了所有这些画作。提香特别提到了这个事实，即他愿意回绝无数的工作邀请，甚至是服务于意大利宫廷或为罗马教皇效力。提香说，当他开始在威尼斯接受艺术方面的训练时，他的目标并不是变得富有，而是立志让自己的作品名满天下。他自愿完成最困难的创作任务，即便是在一面满是窗户的墙壁上绘制壁画。对此，他想要得到的唯一酬劳便是在芳达科大厦担当下一任共和国画师的职位（参考图 13）。正如历史学家查尔斯·霍普在 1976 年威尼斯主办的提香研讨会上的发言所表明的那样，共和国画师这个职位并非意味着享有这个头衔的画家同时也是政府官方的画家，但长久以来这个观点已经成了固定的看法。相反，共和国画师只是艺术家接受政府的创作委托而获得的报酬而已，与一个商业团体的价值相匹配。至于这种或多或少带有荣誉性质的头衔，威尼斯政府大概分发出去了 30 个，其中一些给了艺术家。共和国画师是一个享受终生的公职。如果职位没有空缺，画家就会被列入候补名单，但如果拥有特别的荣誉，艺术家就会被挪到名单的最前头。这个职位（或头衔）每年要偿付大约 120 达克特，享有此头衔

的人不必缴税，但如果政府对“共和国画师”职位的任命没有得到贯彻执行的话，那么这个头衔就会被撤销或废除。如果这个职位很快就有空缺，那么活得长久的艺术家就会从中获得相较于卖画所得更多的荣誉和利益。另一方面，如果画家英年早逝或者等了很长一段时间才获得“共和国画师”的头衔，那么在金融方面，这对威尼斯共和国会有好处。

虽然这个创作委托的地位，比起享受公职的官方画家所接受的定件不可同日而语，但提香在总督府的壁画创作还是极大地加强了他作为艺术家的非凡荣誉。当时不足 25 岁的提香自愿申请并最终得到了这样一个创作委托，足以证明他在艺术方面拥有强大的自信，而且已经获得了人们的高度尊敬，虽然直到 1516 年乔瓦尼·贝里尼去世之后，提香才被授予“共和国画师”的头衔。但是，对于这个让自己获得了梦寐以求的头衔的创作任务，提香的绘制进度却显得相当缓慢。

提香接受赞助人的委托创作了一件他最伟大的旷世杰作，名为《神圣与世俗之爱》（图 21）。在此过程中，他被授予“共和国画师”头衔的事实可能发挥了重要作用。委托提香创作此画的人名叫尼科洛·奥雷里奥，他在当时是提香曾致信的“十人议会”的秘书。1514 年，奥雷里奥从提香那里订购了此画，以这种方式

图 22（左图）《花神芙罗拉》，约 1515—1520 年
布面油画，79厘米×63厘米
乌菲齐美术馆，佛罗伦萨

这个手持鲜花的美丽女人被认为是芙罗拉，也就是古典神话中主管鲜花和山泉的女神。她是提香最早绘制的表现女性理想美的系列肖像之一。金里透红的头发的光泽、皮肤的柔软色调，以及若隐若现的胸部——她的左手和粉红的锦缎巧妙地突出了这个身体部位的裸露，都展现了提香作为一位擅用色彩的画家的深厚功底，以及他对肉体官能的真实感觉。

图 23《爱与美的女神——维纳斯》，约 1520 年
布面油画，76厘米×57厘米
苏格兰国家美术馆（租借自萨瑟兰郡公爵），爱丁堡

意为“外表完美的人”的“Anadyomene”这个词，具体指的是维纳斯的诞生。根据古典神话和希腊诗人赫西奥德（约公元前 700 年）所写诗歌的描述，维纳斯是从塞浦路斯帕福斯（或赛西拉岛）附近的海洋中诞生的，生来就是一个美丽成熟的女人。在这幅画中，提香所描绘的正是这一时刻。这幅尺寸相对较小的绘画展现了 16 世纪一二十年代艺术家心中的一种典型的女性形象。因而，此画不仅是一幅表现个体人物的肖像作品，还是对女性美的一种理想描绘。

庆祝他与劳拉·芭嘉洛托的联姻。目前学界还不太可能解释这幅画的主题，但可以确定的是，此画的主题与爱情和婚姻有关。奥雷里奥之所以委托提香创作这样一件具有丰富知识内涵且意义非凡的绘画作品，可能是因为他和劳拉·芭嘉洛托的婚姻所引发的轰动性丑闻。奥雷里奥是一位受人尊敬的政府官员，但新娘却是一名寡妇，此外，她还是一个因犯叛国罪而被处死的男人的女儿。这两人的联姻所引发的轰动，甚至在威尼斯官方历史学家马丁·萨奴多（1466—1533 年）的书中都有记载。

题材的秘密影射、有关爱情的主题、古典时代的隐喻，以及美丽如画的风景，所有这些因素都传达了人们对一种遥远的、现已遗失的牧羊人与神的世界的深深怀恋，“年轻的”威尼斯艺术对这种风格的主题趋之若鹜，甚至在乔尔乔内去世之后亦是如此。突出人物形体的衣料的流动感，光与影的交织，肤色的柔和、精致和丰富多彩的美感，色彩布局的协调，寥寥几笔便形象顿现的背景人物，以及渐渐消失在远方迷雾之中的建筑，所有这些因素都表明，在他的同时代人中间，提香担当得起如此崇高的地位。至今，这幅《神圣与世俗之爱》仍然魅力不减，迷倒众生。

图 24（左图）《莎乐美》，约 1515 年
布面油画，90厘米×72厘米
多利亚·潘菲利画廊，罗马

此画的重点既不是这个令人恐惧的事件，也不是这幕场景所体现的宗教意义。至于这幅画所表现的是莎乐美抱着施洗者约翰的头颅，还是朱迪斯拿着荷罗孚尼的脑袋，我们都不甚清楚。前一种观点认为，画中女子手里抱着大浅盘，其中盛放着一个男人的头颅，这种艺术表现暗示了此画所描绘的就是《新约·马太福音》中的人物莎乐美；而后一种观点的得出是因为画面中出现了女性仆人的形象，在传统有关朱迪斯故事的图像表现中，这位女性仆人是一个典型特征。在画面中，红色、绿色和白色争奇斗艳，色彩的鲜明对比以及讨人喜欢的女性形象，令此画成为了提香表现女性理想美的典型作品之一。这也解释了为什么后世的艺术家不厌其烦地模仿这幅画。

图 25《一位年轻女子的肖像》，约 1515 年
牛皮纸上粉笔素描，41.9厘米×26.5厘米
乌菲齐美术馆，素描和版画收藏室，佛罗伦萨

确定这幅草图的创作日期极其不易。但是，似乎提香主要是在他的早期作品中描绘了这种类型的女性形象，比如位于圣学院教堂的数幅壁画作品（参见图 13—图 15）。女子头部的倾斜姿势也让我们回忆起了这段时期提香创作的其他肖像作品。

提香能够获得这一切，全凭他擅用色彩的深厚功力。通过对提香的绘画进行技术检测，我们会发现，这位艺术家对油画这种新式媒介的使用具有怎样的革命性。每处细节，尤其是肤色和衣料，都是艺术家运用无数混合在一起的色素颜料刻画出来的。通过这种方式，提香最终能够实现他对色彩的精确使用和完美操控，尤其色调的微妙变化更是无与伦比，无人可企及。特别值得一提的是，在裸体维纳斯的脸上，红色、紫色、黄色、白色和蓝色形成了极为协调一致的阴影，这与其金色的缕缕头发——用一条精致的紫色缎带扎在后面——构成了鲜明的对比。在《不要碰我》（图 18）和为帕多瓦圣学院教堂创作的壁画（图 13—图 15）中，艺术家描绘人物形象时明显表现出来的任何不确定性，至此已经完全消失不见了。诸如《莎乐美》（图 24）和《花神芙罗拉》（图 22）的绘画作品，与《神圣与世俗之爱》密切相关。现在，提香更偏向于描绘的女性，已经不再源自贝里尼或乔尔乔内的艺术。对其他艺术家而言，如今的提香已然成为了一座不可逾越的高峰，谨供他人膜拜。

威尼斯的创作委托以及为北意大利王室绘制的作品——提香给威尼斯艺术带来了巨大变革

图 26《圣母升天》，1516—1518 年
木板油画，690厘米×360厘米
圣方济荣耀圣母教堂，威尼斯

意大利语的词汇“Assunta”源自拉丁语“assumption”，也正是因为这个名字，此画变得众人皆知。这个单词的原意为“接引”，因而与圣母玛利亚升入天堂的场景具有一种直接关系。这幅《圣母升天》是提香在威尼斯接受的第一件用油画媒介予以表现的重要的官方委托创作。这可能也就解释了为什么他如此自豪地在画面右侧、坐着的圣彼得下方签下了自己的名字。在藏于威尼斯的后期作品中，提香甚少署名。

1516 年 11 月 29 日，乔瓦尼·贝里尼逝世，享年 84 岁。只要贝里尼还活着，并充分发挥极具创造性的艺术才华，那么不论是乔尔乔内还是提香，连得到一次公共委托、绘制巨幅油画的机会都捞不着。但到了 1516 年，今时已然不同往日，威尼斯圣芳济大隐修院的院长杰马诺·达·卡约勒与提香接上了头。他委托提香为圣方济荣耀圣母教堂的祭坛创作一幅新壁画，即所谓的《圣母升天》（图 26）。圣方济荣耀圣母圣殿这座巨大的教堂，与多明我会圣若望及保禄大殿，同是威尼斯托钵僧会最重要的两座教堂。而且，前者还在威尼斯的公共生活中扮演了一个重要角色，因为此地是一处用来安葬共和国总督的场所。正如卢德维柯·多尔齐所记载的那般，1518 年 5 月 19 日，壁画《圣母升天》的揭幕震惊了威尼斯人，尤其给这座城市的其他艺术家带来了极大震撼。在这之前，他们已经或多或少对静止的个体人物形象习以为常了，在以前的作品中，艺术家甚至用整幅画面来表现此类图像。但在提香的作品中，人物栩栩如生的动态以及极具戏剧性的画面场景，打破了威尼斯所有的艺术传统。多尔齐写道，最初人们对提香的这类作品是持拒绝态度的，但改变慢慢发生了，无边的赞美之声随之而来。他自己就称赞了这幅祭坛画，并将其与拉斐尔和米开朗基罗的作品相提并论，以此来表达他对这件作品的赞美之情。曾几何时，意大利的主要作家，比如瓦萨里，就探讨过谁是那个时代最重要的艺术家，他们将候选人名单缩减至两个人，即拉斐尔和米开朗基罗，但在多尔齐看来，这份名单还需另外加上一个人，此人便是提香·韦切利奥。同时，多尔齐将提香和米开朗基罗等人予以对比，也间接解释了“提香的艺术与威尼斯祭坛画传统的彻底决裂”，虽然传统的威尼斯祭坛画至今都没有丧失其合法性。因为在《圣母升天》这幅壁画中，艺术家塑造的强健人物具有栩栩如生的动势，于是便有观点认为，提香之所以能在作品中创造出比通常的威尼斯艺术更为强烈的活力及运动的感觉，是因为受到了罗马的伟大杰作的深刻影响。但是，被多尔齐用来比较的拉斐尔和米开朗基罗的作品，定然不是提香艺术的直接样式或原型。拉斐尔为梵蒂冈创作的《耶稣变容》，其戏剧化的动作与提香的作品非常相似，但这幅作品是在《圣母升天》之后完成的。一幅同样主题的壁画亦是如此，据瓦萨里所述，这幅画是威尼斯艺术家塞巴斯蒂亚诺·德尔·皮翁博（约 1485—1547 年）为罗马圣彼得大教堂博尔盖里尼小礼拜堂创作的，其形象来源于米开朗基罗绘制的一幅设计稿。但提香自己并没有去过罗马，虽然他可能对拉斐尔和米开朗基罗位于梵蒂冈和西斯廷小礼拜堂的作品有所耳闻，甚至亲眼见过素描草图。

但是，我们必须指出，即便是提香最早期的作品，比如《朱迪斯》（《正义》，图 12）和为帕多瓦创作的壁画，也表明了艺术家已在尝试描绘处于复杂动势的巨大人物形象。面对面的观者，或者那个正在进入画面中心场景（新生儿的奇迹）的年轻男人（图 13），以及图 15 中被刺死的妻子扭转的身体（因透视而短缩），都体现了同样的感觉，即提香试图在图像中达到一种戏剧性效果，虽然在《圣母升天》中，人物更为明显的戏剧性姿势也确实暗示了罗马艺术的某种影响。在《圣母升天》这幅壁画中，提香也保留了传统的艺术实践，比如他将人物的头部排列在一起，如此，那些人便都处于同一水平线上了。提香已经在为帕多瓦圣学院教堂创作的壁画中使用过这种方法了。但是，在这里，此种方法看起来已不再是笨拙的和静止不动的。向上的动势构成了这幅壁画的整体效果。在构图上，提香通过呈三角形的红色调子达到了这个效果：众使徒身穿的红色衣服以及圣母玛利亚的红色长裙完成了品字形的构图。圣父身穿的浅红色与黑色交织的宽大披风，似乎打开以接受这股上升的动势。这幅画的形式与内容达到了完美的一致。

这幅祭坛画使提香成为了威尼斯最著名的画家。与此同时，此画也引起了贝里尼的赞助人的注意，这些来自意大利北部的赞助人都是执掌地方政权的庞大家族。1516 年 1 月至 3 月，

图 27（左上图）《维纳斯的礼赞》，1518 年
布面油画，172厘米×175厘米
普拉多国家博物馆，马德里

这件作品的构图以一幅相同题材的古典画为原型，希腊作家斐洛斯特拉图斯（公元 3 世纪初）在其著作《肖像》的专论古典收藏的篇章中具体描述了这幅古典画。如今充满争议的是，这位作家的写作对象到底是真实存在的作品，还是自己的虚构创造。文艺复兴期间，为数众多的艺术家都试图创作出足以与斐洛斯特拉图斯描述的古典模型相匹配的绘画作品。

图 28（右上图）《维纳斯的礼赞》（图 27局部），1518 年

在古典时期，丘比特被认为是宁芙女神的孩子。宁芙女神代表了女性的本质精神，她们与维纳斯的关系非常密切。提香笔下的每个小孩的形象都刻画得非常精细，令人沉醉的年轻朝气和滑稽的姿势令丘比特的形象无比生动。

提香与公爵阿方索·德·埃斯特一直待在费拉拉。贝里尼曾于 1514 年为此人的条纹大理石馆创作了一幅名为《众神之宴》的壁画。此画的远景后来被提香予以重绘，虽然针对这件作品的技术检测表明，在提香重绘之前，已经有另外一名艺术家在这幅画上重新描绘过了。过去学界通常认为，1516 年提香第一次停留费拉拉期间就重绘了此画的背景，但事实并非如此。从 1517 年直到 1525 年，提香为这位公爵创作了三件以神话为题材的巨幅画作，它们全被挂在了公爵的私人工作室和书房中。在一座文艺复兴时期的宫殿中，这样一个用于工作、处理日常事务的地方，是最重要的房间之一。这个收藏艺术品和保存书籍的场所也能彰显一个人的教育水平和个人品位。阿方索的妹妹伊莎贝拉·德·埃斯特——嫁给了曼图亚的统治者弗朗切斯科·贡萨加二世，对于其书房收藏了著名的艺术作品感到非常自豪。可以想象的是，阿方索也试图追随他的妹妹，创造类似的效果。为此，他委托乔瓦尼·贝里尼和拉斐尔为其书房创作绘画作品。但是，由于 1520 年拉斐尔英年早逝，他为阿方索绘制的作品还没有完成。如果没有这档子事，提香可能就与拉斐尔直接展开竞争了。

在这三幅绘画作品中，第一幅是《维纳斯的礼赞》（图 27），完成于 1518 年。最初，这个创作委托被指定给了一位名叫弗拉·巴托洛米奥（1475—1517 年）的意大利艺术家，但此人在 1517 年就去世了。从提香写给阿方索公爵的一封信中，我们得知，关于这幅画的题材，提香得到了公爵明确的指示。但是，提香对这个题材的阐释必会令人大吃一惊，尤其是比照弗拉·巴托洛米奥绘制的非常传统的设计草图，后者现藏于佛罗伦萨乌菲齐美术馆。除了在风景及衣物的描绘方面，比如迷人的小丘比特（图 28）和华丽的丝织品上表现出了高超而娴熟的技艺外，提香还熟练运用了透视技术，赋予了此画一种精神的活力，但在以前的作品中，这个主题事实上达不到那样的效果。观者的视线从左

图 29《酒神巴库斯与阿里阿德涅》，1520—1522 年
布面油画，175厘米×190厘米
国家美术馆，伦敦

这幅绘画作品可能是提香以多部古典文学作品为根据创作出来的，所有这些作品都与克里特国王的女儿阿里阿德涅有关。因为爱上了特修斯，阿里阿德涅通过线球的方法，帮助特修斯从她父亲的迷宫中逃了出来。但是，特修斯却将她丢弃在了纳克索斯岛上，而他自己则乘船返回了雅典。在那里，阿里阿德涅成为了酒神巴库斯的情人。在她的上方是一顶由星星组成的王冠形象，代表了“北冕星座”，最后阿里阿德涅（根据另外一种不同的传统，或者是阿里阿德涅结婚时所戴的头饰）正是变成了这个星座。

图 30（左图）《酒神节的狂欢》，1523—1525 年或更早
布面油画，175厘米×193厘米
普拉多国家博物馆，马德里

与前两幅画一样，此画命中注定要被挂在费拉拉宫的条纹大理石馆中。与《维纳斯的礼赞》一样，此画也具有文学的来源，即作家斐洛斯特拉图斯对相同题材的古典绘画的描述。安德罗斯岛上的居民正在参加一场狂欢的盛宴，用以祭拜罗马神话中的酒神巴库斯。根据古典神话的描述，安德罗斯是巴库斯最为喜欢的一座岛屿，因为在那里，河中流淌的不是水，而是美味的佳酿。

图 31（下图）《酒神节的狂欢》（图 30 局部），1523—1525 年或更早

提香有意以一种滑稽幽默的方式，来表现这场狂欢盛宴的极具戏剧性的情节。

下角，沿着站满了无数正在嬉戏的丘比特的宽敞道路，对角线地穿过，最后抵达远方的风景。在画面左侧，地势渐渐上升，因此我们无法直接看向远处的背景。在右侧，喜庆活动的实际焦点，即维纳斯的雕像，也挡住了我们看向远方的视线。

1522 年 11 月，提香完成了第二幅画作，即《酒神巴库斯与阿里阿德涅》（图 29）。第三幅画作《酒神节的狂欢》（图 30）很可能完成于 1525 年。在这两件作品中，提香的色彩感觉以及描绘人物动作所表现出来的惊人能量很大程度上给人留下了深刻印象。在《酒神巴库斯与阿里阿德涅》中，阿里阿德涅绝望地向逐渐消失在远方的船只挥舞着手臂，船上的那个人正是特修斯，他趁阿里阿德涅熟睡之际悄然离开。但在阿里阿德涅挥手的同时，她却已然看向了新的情人巴库斯。在众多森林之神和宁芙女神的簇拥下，巴库斯正从画面右侧靠近阿里阿德涅。虽然他的长袍看起来随风飘荡的动势不减，但巴库斯自己却正准备从他的战车上下来。那段淡红色的丝绸——除了一项用树叶编织而成的花冠外，这是巴库斯身上唯一的一件衣服——随风飘荡的动势，加强了巴库斯身体的动感。这个系列的第三幅画作《酒神节的狂欢》（图 30）并没有明显表现出戏剧性的空间效果。提香创造意象空间的繁复手法——通过将人物形象交织在一起的复杂处理——初看之下并不是很明显，直到我们更专心地观看这幅画，他的创作手法才纤毫毕现。不可思议的《埋葬基督》这幅画（图 32）亦是大抵如此，此件作品差不多与《酒神节的狂欢》完成于同一时间，现藏于法国卢浮宫博物馆。

在画于 1515—1530 年间的作品中，提香试验了多种方式，渴望在画面上营造出一种空间

图 32《埋葬基督》，约 1523—1526 年
布面油画，148厘米×205厘米
卢浮宫博物馆，巴黎

在这里，提香巧妙运用光线的方向，从而维持了渗透整幅画面的运动的态势。光线与阴影的极端对比在基督的身体上得到了完美的呈现。观者的眼睛首先看向的是褶皱的裹尸布和基督的双腿，然后视线右移，顺势看向基督隐在黑暗之中的上半身。这块区域中的阴影表明，通过运用纯形式的表达方法，艺术家是在用一种不同寻常的方式处理基督逝世和埋葬基督的题材。

的感觉。与此同时，他尝试将自己的图像叙事定格在一个非常精确的时刻。画面人物的出场看似处于运动的某个瞬间，以至于在下一刻，他们即将变换新的动作，构成身体运动的完整序列。通过仔细处理这两方面的利害关系，即令人意想不到的空间结构以及一种不断变化的戏剧性感觉，提香在他的作品中创造性地对传统主题做出了全新阐释。

《圣母领报》（图 33）是提香为特雷维索大教堂马尔基斯特罗小礼拜堂创作的祭坛画，完成时间大约为 1519 年。和《维纳斯的礼赞》一样，提香也使用了一种不同寻常的透视方法。长天使加百利正从画面深处快速靠近圣母。玛利亚转过头向后看去，对加百利这位天国来客感到相当的震惊。提香以一种无可比拟的方式描绘了这个情景：圣母所做的只是拽紧宽大的长袍，如此，满是褶皱的衣服便更紧地包裹住了她的身体，就好像要保护她，免受那位迅速接近的天使的伤害一般。就传统而言，在有关“圣母领报”的场景中，我们通常所看到的是靠近玛利亚的长天使和圣母都处在绘画的同一水平面上。至于提香以此种颇具革命性的空间构图形式描绘这样一个为人熟知的主题，他的同时代人似乎无一例外还没有做好足够的心理准备。

提香接受的第二个大型委托创作，即为佩萨罗家族绘制的《佩萨罗祭坛画》（图 35），也取得了类似的效果，此画现位于威尼斯荣耀圣母教堂。这幅画表现了一场“神圣的对话”，这个术语被用来形容圣母玛利亚和不同的圣徒在一起的场景。提香在这个祭坛上画出的圣徒充当了仲裁人或调停人的角色，他们代表的是礼拜者和祈祷者的利益。通常情况下，画面的中心位置都是预留给圣母玛利亚的。但是，提香却反常地将圣母从画面的中心挪到了画面右侧。此举

图 33（左图）《圣母领报》，约 1519 年
木板油画，179厘米×207厘米
马尔基斯特罗小礼拜堂，特里维索

此画的空间构图极为有趣，毫无疑问，这是提香自己的想法，一如艺术家对圣母形象的处理。玛利亚穿着一件下垂式样的精美长袍，折出的褶皱相当宽。这件长袍由一块沉重而光亮的丝绸布料裁剪而成。针对天使和跪着的赞助人布罗卡尔多·马尔基斯特罗的形象，许多学者已经提出了他们的质疑。1526 年，在特里维索的市民中间兴起了一阵强烈嫌恶马尔基斯特罗的风气，此人犯下了如此暴行，即他竟然如此明目张胆地指使艺术家将自己的形象描绘在了一幅祭坛画中，在威尼斯或特里维索，这种情况都是不常见的。暴怒的市民愤而涂脏乃至毁坏了部分画面，以至于这件作品不得不接受后人的修复，才得以重见天日。

图 34（上图）《圣克里斯托弗》，约 1523 年
壁画，300厘米×179厘米
总督府，威尼斯

这幅壁画的委托出自安德里亚·格里蒂（1455—1538 年）。1523 年 5 月，格里蒂被选为威尼斯共和国的总督，不久之后，他可能委托提香创作了这幅壁画。与这段时期提香创作的其他画作一样，我们也可以从此画的背景中看到威尼斯的概貌。位于画面右侧的高耸入云的阿尔卑斯山山巅，影射了威尼斯占有内陆领土的事实。

图 35（对页）《佩萨罗祭坛画》，1519—1526 年
布面油画，385厘米×270厘米
圣方济荣耀圣母教堂，威尼斯

在这幅画出现之前，艺术家通常将圣母玛利亚的形象绘在祭坛画的中心。提香将玛利亚的形象从画面的中心移到了画面边缘，这种处理方式是一种革命性的变革，全然不同于传统的绘画构图，尤其是巴洛克时期的作品。这个时期的威尼斯人一定也感觉到了，此幅祭坛画的赞助人在画面中占据的位置是如此的突出，这也从另外一个角度印证了此画的不同寻常。帕福斯的主教雅各布是佩萨罗家族最为重要的成员，此刻的他直接跪在了圣母玛利亚身前，对面就是他的家族成员，包括其兄弟和儿子。虽然在其他地方，表现赞助人的图画相当常见，但在威尼斯，艺术家通常避免在祭坛画中绘制此类形象，这可能是出于政治上的原因。

意味着，从教堂西侧入口靠近祭坛的参观者，离得老远就可以一睹圣母玛利亚的风采。这种处理方式也为艺术家表现赞助人提供了可能。在提香笔下，此画的赞助人以侧面形象出现，这种描绘手法极为传统，此人跪在圣母的前面，而非位于她的身旁。相反，他的家族成员跪在画面右侧，与圣母玛利亚或圣徒也没有目光的接触。在威尼斯祭坛画中出现赞助人的形象是极不寻常的。但是，这幅画具有一种还愿的性质，因为它是对胜利的纪念，影射了这样一则历史事实：教皇舰队的指挥官雅各布·佩萨罗在威尼斯人的帮助下战胜了土耳其人。

通过将圣母绘在画面的一侧，这幅画获得了一种运动的效果，而在当时，这种艺术效果几乎是不可能实现的。对于无数的系列祭坛画而言，提香的作品成为了创作的原型，它们被反复予以利用，尝试达到一种动态的张力。

提香在总督府中创作的有关圣克里斯托弗的壁画，其完成时间也是 16 世纪 20 年代早期。虽然壁画的限制条件颇多，比如它要求艺术家迅速而自信地作画，因为颜料是绘在湿润而非干燥的灰泥之上的，但提香却成功地塑造了一个伟大人物的形象。此人以纪念碑式的身体姿态出场。提香利用影线画出光线和阴影，从而赋予了这位圣人的肌肉结构一种不同寻常的三维立体效果。在发展这种再现光影的方法的过程中，提香设计和创作木刻的经历，可能发挥了至关重要的作用。

1520—1522 年间，提香为威尼斯的教皇特使阿尔托贝罗·阿韦罗尔迪（生于布雷西亚）绘制了这幅《基督复活三联画》（图 36）。位于祭坛一侧的圣塞巴斯蒂安的人物形象，与圣克里斯托弗一样，具有大致相同的身体姿态和强健的肌肉结构。与之前的威尼斯画家不同，提香并没有将这位圣人描绘成一个脆弱而消瘦的年轻人形象。相反，他笔下的塞巴斯蒂安呼应了新的理想化身体形式，一如米开朗基罗在罗马的作品。通常，学界将这里的塞巴斯蒂安与米开

朗基罗为未完工的教皇尤利乌斯二世陵墓创作的《奴隶》雕像相提并论，后者现藏于法国卢浮宫博物馆。

在《基督复活三联画》中，提香采用了祭坛三联画这种传统的结构形式。根据惯例，艺术家会在中间画板上描绘主要的对象，而在侧边和上方的面板上表现次要的对象，但这种形式在16世纪的时候已经相当少见了。阿韦罗尔迪祭坛画的构图与传统祭坛画形式的戏剧化效果相去甚远。显然，左侧的镶板——表现了下跪的赞助人以及圣人纳扎罗和切尔索——与描绘了基督复活场景的中间画面具有密切的联系，这种关联是艺术家通过刻画人物的肢体动作和目光交流达成的。虽然三幅画中的大地都处于同一水平面，但右侧表现了圣徒塞巴斯蒂安形象的镶板似乎与主画面不相调和，因为右侧画面中熠熠生辉的蓝色天空更加明亮，而且裸体圣人的身体也更为强健。在一个基督教信仰占据主导地位的时代里，位于最上方的两面镶板——右边的是圣母玛利亚，左边的是一位天使——合起来明显就是一幅“圣母领报”的场景。我们也能在许多其他的三联画中见到这种安排或构图。但如果不了解这一点，我们就很可能将这两个场景都看成是中间画面，即“基督复活”场景的组成部分。

虽然这些镶板画与传统的祭坛三联画并不是特别兼容，但单幅画面的超凡品质却再次清楚地表明了，16世纪20年代的提香距离传统的艺术形式已经越来越远了。

在完成《佩萨罗祭坛画》后不久，提香绘制了这幅名为《荣光圣母与圣婴耶稣、圣徒弗朗西斯和阿尔维斯，以及赞助人阿尔维斯·戈齐》的祭坛画（图37）。这幅应阿尔维斯·戈齐之托而创作的油画，表现了圣母玛利亚以及众多生活在不同时代的圣徒的形象。在赞助人的身后，我们依稀可以看见威尼斯的景色。虽然将这些人物形象与威尼斯城市的背景并置在一起的表现手法不是现实主义的，但相比较于阿韦罗尔迪祭坛画而言，提香却毫不费力地在单幅绘画中成功创造出了一种更为令人可信的叙事空间。

图36《基督复活三联画》，1520—1522年
木板油画，278厘米×122厘米
圣纳扎罗和圣切尔索教堂，布雷西亚

提香意图表现身体运动瞬间的艺术倾向，在祭坛三联画的传统结构中是很难实现的，因为传统的三联画要求画家在众多镶板上绘出不同的图像元素。现在可以确定，提香是应赞助人教皇特使阿尔托贝罗·阿韦罗尔迪的要求而使用了这种陈旧的绘画形式。此人的形象与这座教堂的守护圣人圣纳扎罗和圣切尔索同处左下方的那面镶板。正是阿韦罗尔迪将这幅祭坛画捐给了这座教堂。

长天使加百利（位于左上方的镶板）似乎是从左侧冲进了画面，其身后的衣服随风飘扬。他手里拿着一条伸展开来的铭文丝带，正要将这条带子递给对面镶板上的玛利亚，借以表达对圣母的祝贺。他的右手、部分铭文丝带、双翼，以及飘动的腰带末端，所有这些都被画面的边缘切割得支离破碎。此番处理营造了这样一种效果：那块几乎正方的镶板的尺寸太过狭小，以致不能完整容纳长天使的宏伟形象。这种艺术特点促使提香加强了此画的张力感和动态感。

向上飞升的基督的辉煌形象（中间画板）周围尽是密布的云朵，东升旭日的红色光线照亮了它们。此画上半部分的明亮光线与坟墓的黑暗形成了一种鲜明对比，在表现耶稣坟墓的场景中，唯一的光线还是来自守卫所穿铠甲的表面反光。这种光线的戏剧效果更加突出了基督复活的神学意义。

表现圣塞巴斯蒂安的画面（右下方的镶板）完成于1520年。当费拉拉公爵的代表雅各布·苔巴尔迪参观提香的画室时，此画必定给他留下了非常深刻的印象，以至于他马上力劝他的雇主买下这幅画。苔巴尔迪愿意以60枚达克特的价格从提香手中购买这幅位于祭坛中央的画作，相比之下，阿韦罗尔迪委托提香创作整幅祭坛画的报酬仅仅只有200枚达克特。但是，费拉拉公爵最终退却了，没能促成这笔交易，可能是害怕惹恼那位强势的特使大人阿韦罗尔迪。

TICIANVS FACIEBAT
M. D. XXII

图37（对页）《荣光圣母与圣婴耶稣、圣徒弗朗西斯和阿尔维斯，以及赞助人阿尔维斯·戈齐》，1520年
木板油画，320厘米×206厘米
民间博物馆，安科纳

强壮、生气勃勃的人物形象，以及画面背景中的威尼斯概貌，是16世纪20年代初提香作品的典型风格。虽然此画肯定受到了拉斐尔大约绘于1511年的《福利尼奥的圣母》的启发，但因为富有表现力的运动以及丰富多变的色彩，提香笔下的人物形象似乎具有了一种更加真实的感觉。

图38（上图）《荣光圣母与圣婴耶稣、圣徒弗朗西斯和阿尔维斯，以及赞助人阿尔维斯·戈齐》（图37局部），1520年

在此画中，提香概要性地描绘了威尼斯总督府和圣马可大教堂的形象。其中，圣马可大教堂的模样与他在总督府表现圣克里斯托弗的壁画（图34）中的尖顶教堂大体相似，后者的创作年代稍晚一些。此番处理赋予了这件作品一层更深的现实主义维度，也丰富了相互关联的现实层面，而圣母玛利亚、赞助人和圣徒形象的并置共存则深化了这种效果。

身处威尼斯共和国与神圣罗马帝国之间的提香——作为叙事元素的风景

图40（对页）《殉教者圣彼得受难》
根据提香创作的祭坛画复制的版画，原作在威尼斯圣若望及保禄教堂发生的一场大火中被烧毁了
科雷尔博物馆，威尼斯

提香的许多同时代人皆认为此画是他最为精美的作品，但可惜的是，1867年8月16日，由于修复工程而引发的一场大火彻底葬送了这幅杰作。在此画最初所处的位置，现在挂着由尼科洛·卡萨纳（1659—1713年）复制的一幅画。它描绘了殉教者圣彼得（1203—1252年）的受难：作为一名多明我会修道士和天主教的宗教法官，由于对那些被控异端的教徒采取了残酷的态度，他在位于米兰和科摩之间的路上被拷打至死。

阿韦罗尔迪祭坛三联画（图36）中被照亮的天空，以及《埋葬基督》（图32）中威势骇人的云彩——刺目的黄色闪电不时显现，都指示了提香作品的一个方面，从1530年以来，他日益关注此方面的艺术表现：画中的风景不仅仅被用作事件发生的场景，它还是一个重要的特征，在决定绘画的意义方面扮演了一个关键角色。至于这个颇为新颖的观念，最为重要的例子便是《殉教者圣彼得受难》（图40）。可惜的是，这件作品已经遗失在了历史的长河中。1526—1530年间，提香为威尼斯多明我会的圣若望及保禄教堂绘制了这幅画。针对此画，瓦萨里写道："到目前为止，在提香创作的所有作品中，这幅画的完成度最高、最受人推崇，因而是最伟大的，它的构思及完成都是最好的。"以这幅祭坛画为原型，艺术家创作了无数摹本，但1867年的一场大火将这些珍品烧成了灰烬。16世纪20年代，提香在作品中不断研究，尝试对绘画的一系列问题予以合理的解答，这幅祭坛画便可谓是对上个艺术阶段的总结。画中的人物非常强健，而且具有纪念碑的特点，他们的姿势极具戏剧性但又饱含强烈的情感，提香的此番处理让图像的叙事达到了高潮。圣人躺在地面上，凶手正挥动手中的剑，下一刻，圣人就要被凶手杀死了。两位天使已经在路上了，他们来自天国，手中拿着一束象征殉难的棕榈枝。殉教者圣彼得似乎已经看到那两位天使了，因为他的目光正看向他们，而不是攻击他的凶手。在画面的左下角，圣彼得的同伴正在逃离，此人于此般危难之际也不忘回头看向空中的天使。这个故事的顶点将会在下个时刻发生。凶手即将劈开圣彼得的头骨，令其成为一名殉教士，由此，圣彼得得到了象征胜利的棕榈枝。对所有熟知这位圣人的故事的人来说，故事情节的发展再清楚不过了。但提香并没有将接下来的情景描绘出来，相反，它们留待观者自己的想象，这样，提香便在这幅祭坛画中营造出了一种独特的张力。提香创造这种张力的方式同样出现在了之前创作的众多作品中，比如《圣母升天》（图26）和《圣母领报》（图33）。但是，在这幅画中，提香通过将风景（不仅仅是光线）更多地与渐次展开的戏剧性事件联系起来，从而获得了一种新的艺术品质。画中的树似乎也在随着主角的运动而随风摆动：事实上，它们构成并呼应了人物动作的主线。

在16世纪30年代提香创作的表现圣母玛利亚的绘画中，我们也可以发现他对运动的类似兴趣，虽然在这些作品中，人物的姿势和动作还显得相当保守。没有营造令人激动的戏剧性场面，它们传达的反而是一种安静的沉思精神，其中，色彩的彼此协调扮演了重要的角色。一个令人印象深刻的例子是《圣母子与年幼的施洗者约翰和圣凯瑟琳》（图41）。在提香笔下，技艺上看似难以处理的东西，比如人物缠绕在一起的动作，即刻变得容易了，虽然他是在画布上捕捉人物的姿势的。这幅画也是如此，很显然，人物的动作具有连贯性，好像要持续发生下去一样。画面前景中的色调重复出现在了背景

图39（右图）《圣弗朗西斯的圣疤》，约1530年或1545—1550年
布面油画，281厘米×195厘米
佩波利博物馆，特拉帕尼，西西里

由于画面质量着实不敢恭维，这幅损毁颇为严重的画长久以来被认为不是提香的作品，创作者另有其人。但在1953年的时候，此画经过了清理和修复。如今，它的真正作者被确认为提香。戏剧性的空中闪电、背景宽度的缺乏，以及作为事件构成元素予以描绘的树木和云层，所有这些特点都足以与《殉教者圣彼得受难》相媲美。但是，有关此画的创作日期极为不确定，从16世纪30年代到50年代不等，因为提香对色彩的处理暗示了此画的创作日期不早于1530年。

图 42（上图）《圣母子、圣凯瑟琳和一只兔子》，1530 年
布面油画，74厘米×84厘米
卢浮宫博物馆，巴黎

这幅油画的魅力主要在于其美丽的色彩和不可思议的风景。较小的尺寸表明，这是一幅用以祷告的私人画作。几乎可以肯定，此画的赞助人是费德里科·贡萨加二世。某些研究者认为，位于画面右侧的那个牧羊人正是此人（对比图 39 中此人的肖像）。结果，乍看之下，一幅看似表现圣母玛利亚的标准画作，便具有了一种额外的、极为私密的意义维度。

图 41（左图）《圣母子与年幼的施洗者约翰和圣凯瑟琳》，约 1530 年
布面油画，101厘米×142厘米
国家美术馆，伦敦

在 16 世纪 30 年代初创作的有关圣母玛利亚的画中，提香一概避免表现夸大且引人注目的人物姿势。即便如此，一系列复杂的交叠运动还是将众多人物形象互相关联了起来，这些运动形成了一个整体的结构，比如，年幼的基督位于玛利亚的膝盖上方，圣凯瑟琳小心翼翼地抱着他，很显然，她正打算将他举起来，或将他放下去。此类难度颇大的运动主题，提香处理起来非常得心应手，正因为此，只有更加仔细地分析这件作品，观者才会清晰地意识到这一点。后来进行了一次针对此画的清洗，但程序太过粗糙，以致严重损坏了画面的色彩，因而我们只能猜测此画最初的色彩构成了。

图 44（上图）《伊波利托·德·美第奇肖像》，1533 年
布面油画，139厘米×107厘米
碧提宫，帕拉蒂纳画廊，佛罗伦萨

伊波利托·德·美第奇是内穆尔公爵朱利亚诺的私生子。当还是婴孩的时候，他便被寄养在他的叔叔教皇列奥十世（乔瓦尼·美第奇）的家中。1529 年，列奥十世的堂兄——继他之后成为教皇克莱门特七世——任命伊波利托为一名红衣主教。其不同寻常的衣着影射了此人在此画完成前不久爆发的匈牙利反抗土耳其人的战争中所扮演的重要角色。

图 43（左图）《费德里科·贡萨加二世肖像》，1523—1529 年
木板油画，125厘米×99厘米
普拉多国家博物馆，马德里

费德里科·贡萨加二世（1500—1540 年）是曼图亚总督弗朗切斯科·贡萨加二世的儿子，他的母亲是美丽的伊莎贝拉·德·埃斯特，此人因为痴爱艺术和生得一副惊为天人的容貌而名闻意大利。作为一名人质的费德里科在德国皇帝马克西米连一世、法国国王弗朗西斯一世和教皇的宫廷中度过了他的童年。1529 年，在他的父亲之后，费德里科继任成为了曼图亚的统治者。一年后，他被神圣罗马帝国皇帝查尔斯五世封为公爵。与他的母亲一样，费德里科也是一个知识渊博的人，具有良好的艺术教养并赞助了多位艺术家。

中，从而给人留下一种整体协调的印象。《圣母子、圣凯瑟琳和一只兔子》（图 42）亦是如此，这幅画可能是提香为费德里科·贡萨加二世（1500—1540 年）创作的，后者是一位年轻的侯爵，后来成了曼图亚大公。

如果威尼斯人想要了解罗马艺术发展的新方向，那么曼图亚宫廷就是离他们最近的地方。那里甚至收藏了拉斐尔的作品。1524 年以后，拉斐尔最重要的学生朱利奥·罗马诺（约 1499—1546 年）一直在曼图亚工作。费德里科·贡萨加二世（图 43）是阿方索·德·埃斯特的侄子，在 16 世纪 20 年代也是提香最重要的赞助人。很可能是阿方索委托提香创作作品，引起了费德里科对提香的关注。但是，1527 年，作家彼得罗·阿雷蒂诺（1492—1556 年，图 57、图 93）对提香的溢美之词，令提香的声名响彻了意大利，此人也与费德里科保持着密切的联系。在接下来的几十年里，正是费德里科·贡萨加二世最后将提香引介给了艺术家的最重要的赞助人。1529 年冬，提香第一次与神圣罗马帝国的皇帝查尔斯五世相识于帕尔马，而在 1530 年，提香就为这位皇帝绘制了首幅肖像画，惜已不存。在提香为查尔斯五世绘制的众多肖像作品中，留存下来的最早的一幅是《查尔斯五世肖像》（图 45）这件作品，其创作年代或是 1532 年，或是 1533 年，后者的可能性更大。在 1529 年的秋天，为了恢复君权神授的惯例和传统，查尔斯来到了意大利。自 14 世纪中期教皇为神圣罗马帝国皇帝加冕以来，这种传统不断遭到严酷的挑战，甚至一度中断。查尔斯的此番举动只是一个象征性行为，其目的在于暂时缓和神圣罗马帝国与教

皇国之间的敌对局面。虽然这位皇帝并没有远赴罗马，但在1530年2月，教皇克莱门特七世还是在博洛尼亚为他举行了加冕仪式。随着典礼的深入，全方位的外交活动也进行得如火如荼。许多意大利庞大家族的代表也来到了博洛尼亚，他们的目的在于伺候新晋的神圣罗马帝国皇帝查尔斯五世，并与此人建立新的联系方式，甚或为他们的家族谋得新的头衔或财富。

费德里科·贡萨加二世委托给提香的创作，也必须在这种语境中加以审视。长久以来，费德里科所在的家族与神圣罗马帝国的历任皇帝都保持着良好的关系，费德里科本人后来也成了曼图亚大公。提香为此人创作的肖像画（图43）——其创作年代可能早至1523年或1529年——与《伊波利托·德·美第奇》（图44）和《年轻的英国人》（图46）一起，被认为是他绘制的最为精美的男性肖像作品。

诸如《马耳他骑士》（图49）、《戴手套的男子》（图50）和《托马索·莫斯蒂或文森佐·莫斯蒂肖像》（图52）等作品，典型体现了提香的肖像画风格。与早年创作的肖像作品不同，现在提香面对的是为一位显要的权贵绘制肖像的艰巨任务。费德里科的直立姿势彰显了此人的自命不凡，这与其空幻的眼神形成了鲜明对比。此人脸上留满了短而密的卷状胡须，他正温柔地将右手放在一条小狗的背上摩挲，小狗正将前蹄搭在费德里科的身上，试图引起后者的注意。在这幅肖像画中，提香成功地将力量、渴望以及一种敏感而自信的冷静等艺术品质同时传达了出来，这符合巴尔达萨雷·卡斯蒂利奥内（1478—1529年）在《廷臣

图45《查尔斯五世肖像》，1533年
布面油画，192厘米×111厘米
普拉多国家博物馆，马德里

在提香为神圣罗马帝国皇帝查尔斯五世绘制的系列肖像画中，此画是现存创作年代最早的一幅。几乎可以肯定的是，这件作品完成于1533年的博洛尼亚，因为根据众多文献的描述，当时这位皇帝的着装与此画中男子所穿的服饰非常相似。学界一般公认，在这幅画中，提香模仿了奥地利艺术家雅各布·瑟塞内格尔（1505—1567年）创作的一幅肖像画，虽然也有观点认为并非提香模仿了瑟塞内格尔，而是瑟塞内格尔模仿了提香。

图46（上图）《年轻的英国人》，约1540—1545年
布面油画，111厘米×93厘米
碧提宫，帕拉蒂纳画廊，佛罗伦萨

画中男人的浅色头发和双眼，以及优雅的姿势，导致早期学者认为他是一个年轻的英国人，虽然并没有明确的证据证明这个结论。但是，毫无疑问，此画是提香最为精妙的肖像作品之一。

图47（对页）《年轻的英国人》（图46局部），约1540—1545年

提香巧妙地将画中男子的眼睛绘成了蓝绿色，从而获得了一种精美的色彩效果。这个男人的双眼赋予了画面一种尤为强烈的表情，因为它们与背景的色调相当调和。

图 48（下图）《音乐家肖像》，约 1515/1544—1546 年
布面油画，99厘米×81厘米
斯帕达画廊，罗马

在专论提香的著作中，哈罗德·韦西认为，此画的创作日期相当晚，因而排除了此画出自提香之手的可能。但是，最近的意大利研究却提出了相反的辩护，认为此画就是出自提香的创作，虽然完成的时间相对而言要早很多。画中男人的姿势让我们想起了提香早年深受乔尔乔内影响的作品。韦西确定的创作日期是以此画的风格或样式为基础的，他认为此画是 16 世纪 40 年代提香作品的典型风格。

之书》中描述的文艺复兴时期谄媚者的典型形象。但是，画中男子的衣饰、镶着金边的柔软的紫蓝色上衣、外表华丽的长剑和珠宝，都显示了一种精致而欢快的特点，这与公爵的特殊地位是相一致的。提香从乔瓦尼·贝里尼那里学到了很多：通过人物的姿势、色彩以及光影的交织——显然，所有这些都反映了被画者的地位和个性特点，使肖像画给人留下极其深刻的印象。

纵观提香的一生，他之所以受到世人的百般称赞，主要是因为其肖像画的逼真。但通过仔细观察，我们发现，他显然不打算将一个人的每个特征或方面都细致描绘出来。提香将自己的表现限制在艺术的本质方面，为了达到这个目的，他不仅通过精画细描的方式，还通过对色彩和形式的选择，来加以表现，同时还最大限度地发挥了他擅长表现衣饰触感的能力。正是这种对艺术本质和要点的集中专注，而不是追求绝对的现实主义，使得提香的肖像画很容易为观者所理解。提香成功地捕捉了人物个性的某些方面，从被画者的社会地位到他的个性特点，这也体现了他的才华横溢。在某些情况下，人们甚至怀疑这些人是否与历史事实完全相符：社会的惯例和个人的期望可能在其间扮演了同等重要的角色。

在 16 世纪 30 年代，提香达到了艺术生涯的顶峰。当时，他不仅为威尼斯的赞助人效力，同时也为意大利北部最重要的王室家族以及神

图 49（上图）《马耳他骑士》，约 1510—1515 年
布面油画，80厘米×64厘米
乌菲齐美术馆，佛罗伦萨

画中男子所戴的紧贴斗篷的十字架，明确表明他就是一位马耳他骑士。这幅肖像画是提香早期作品的代表，其中，他仍然深受乔尔乔内的影响。从提香安置画中男人的方式，以及他对绘画形式及尺寸的选择，我们都可以明显看出乔尔乔内对他的深刻影响。

图 50（上图）《戴手套的男子》，约 1520—1522 年
布面油画，100厘米×89厘米
卢浮宫博物馆，巴黎

在这里，沉寂的灰色、黑色和白色令单个的色彩区域——比如画中男子的绿色眼睛、红色嘴唇、齐平的刘海和耳垂，以及脖颈周围的衣领——更显突出。看似漫不经心的姿势明显经过了精心设计，右手所戴的图章戒指更加突出了这一点，再加上色彩的统一使用，这两者明确将这幅肖像画与提香为统治者绘制的其他肖像作品区别开来，因为后者的典型特点就是僵硬的姿势和华丽的用色。

图 51（下图）《戴着帽子和手套的年轻男子》，约 1512—1515 年
布面油画，100厘米×84厘米
加罗比厅，哈利法克斯伯爵收藏，伦敦

在这幅肖像画中，黑色的衣服在多彩的高光（比如粉红的衣袖、光亮的白色衬衫，以及浅黄的手套）的映衬下显得颇有生气。如同这段时期创作的所有绘画，提香显然乐于展现不同材料的质感以及光线落在它们上面的方式。画面前景中的石制栏杆将画中的年轻男子与画外的观者隔离开来。与此同时，在创作这个年轻男子的肖像的时候，提香通过将其塑造为斜倚栏杆的姿势，意图表现现实的意义层面，看起来好像人物的形象能够跳出画面的界限。

圣罗马帝国的皇帝效力。提香一直小心翼翼地避免成为宫廷画家，只为一个赞助人服务，这点刚好与他的朋友朱利奥·罗马诺相反。提香从来都是一个独立自主的艺术家。

虽然他在 1533 年的时候被查尔斯五世授予“帕拉丁伯爵”和“金马刺骑士”的头衔，并一而再再而三地被邀请前往这位皇帝位于西班牙的宫廷做客，但提香只是因为几次短暂的旅行而离开了故乡，大部分时间还是待在威尼斯。有人可能会觉得不可思议，即相比较于为奢华宫廷服务的艺术家这个角色，提香更喜欢作为一个威尼斯手工艺人，享受相对低调的人生。但是，即便艺术家的外国头衔在威尼斯没有什么实际意义，但正是这个看似毫无意义的身份，确保了提香既能获得一份正常的收入，又能得到安全和自由，无论哪个宫廷都不能提供给他这些基本的东西。作为一个商业老手，他也非常乐于看到不同的赞助人为了争夺自己的作品而互相争斗的局面。

重要创作委托的数量上涨，也使得提香在 1531 年搬入了新居。这栋位于威尼斯城郊的房子既是他的画室，同时也是他的住处。虽然这栋宅邸并不是宫殿，但它的规模却足够大，当时的人就直呼其为“一座雄伟而壮丽的建筑物”。

除了神圣罗马帝国皇帝和各种威尼斯赞助人之外，提香在 16 世纪 30 年代也为乌尔比诺的罗维尔家族绘制了最精美的作品。乌尔比诺公爵的夫人埃莉奥诺拉·贡萨加（1493—1555 年，

图 53（上图）《伊波利托·瑞米纳尔蒂肖像》，约1528 年
布面油画，116厘米×93厘米
圣卢卡学院，罗马

许多学者认为，提香并没有创作这幅肖像画。瑞米纳尔蒂的身体看起来太过扁平了，而且，利用前景中的桌子将画中人物与画外观者隔开的技巧也不够成熟。将此画与提香创作的其他肖像作品进行仔细的对比，我们便能清楚地发现，艺术家在赋予人物肖像以一种三维的品质方面具有多么高深的才华，即便画中人物倚靠的是中性颜色的背景。

图 54（右图）《弗朗西斯一世肖像》，1539 年
布面油画，109厘米×89厘米
卢浮宫博物馆，巴黎

提香从来没有与法国国王弗朗西斯一世（1494—1547 年）见过面。即便如此，他还是成功绘制了这位统治者的肖像，令人难以忘怀。此画的模型应该来自本韦努托·切利尼（1500—1571 年）制作的一枚表现国王侧面形象的纪念章。笔直的站姿、宽阔的躯干以及华丽的衣饰，都赋予了这幅肖像一种帝王的贵族气息。镶有精美翎毛的扁平帽子以及细密的头发——以一种柔软如羽毛的类似方式掠过他的面颊——都让这位极端骄傲的皇室贵族给观者留下了某种轻浮的感觉或印象。

图 52（对页）《托马索·莫斯蒂或文森佐·莫斯蒂肖像》，约 1526 年
木板油画，后被转移至布面，85厘米×66厘米
碧提宫，帕拉蒂纳画廊，佛罗伦萨

提香将衣服中不同的灰色阴影与暗色的背景联系起来的方式，具有一种不可模拟的优雅。灰色的丝绸、毛皮以及花边衬衫，所有这些都变成了几可触知的东西，作用于我们的感官。在这幅肖像画的背面处曾经写有一行题字，确定画中的人就是托马索·莫斯蒂。但是，有些学者认为，此人是托马索·莫斯蒂的兄弟文森佐的可能性更大一点。原因非常简单：托马索是一名神职人员，而相反，文森佐却是费拉拉大公阿方索·德·埃斯特的一名宠臣。

图 62）是费德里科·贡萨加二世的妹妹。

提香为罗维尔家族最早创作的一幅画名为《牧羊人来拜》（图 61），可惜的是，如今这件作品损毁非常严重。几年后，他绘制了充满神秘色彩的《拉贝拉》（图 63），这是一幅肖像画，表现了一个年轻漂亮的女人，其创作也出自弗朗切斯科·玛利亚·德拉·罗维尔公爵（1490—1538 年）的委托。很可能此画和《花神芙罗拉》以及同类的其他作品一样，并不仅仅是肖像画，还是对女性理想美的描绘，虽然许多学者都指出，这些作品的表现对象看上去和埃莉奥诺拉·贡萨加非常相像。我们将《拉贝拉》理解成肖像画是基于众多详细的目录清单，因为它们总是将这幅画与一幅表现埃莉奥诺拉的母亲伊莎贝拉·德·埃斯特（1474—1539 年）的肖像作品放在一起并归入一类。后者是对年轻时候的伊莎贝拉的理想化描绘，创作者也是提香，当时，这位曼图亚的侯爵夫人已经 60 多岁了。是否有这样一种可能：伊莎贝拉的女儿也有同样的想法，希望艺术家为自己绘制一幅年轻时候的肖像画，虽然她当时已经 40 岁了。但更有可能的是，提香在描绘埃莉奥诺拉的作品（图 62，创作时间为 1536—1538 年间）中也运用了某种理想化的艺术类型，而且，相比较于真人肖

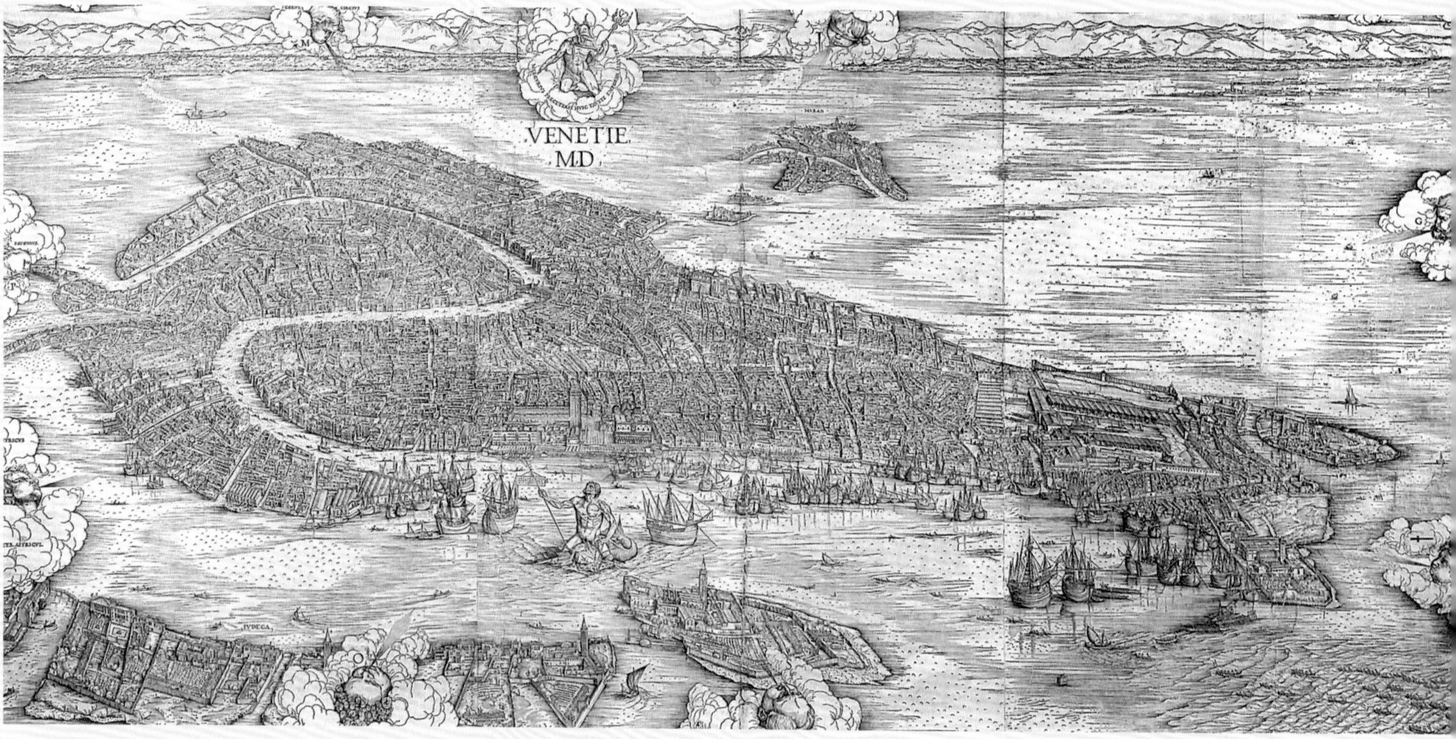

图 55（上图）雅各布·德·巴尔巴里
《威尼斯俯瞰图》，1500年
由六块木板拼接起来的木刻版画，135厘米×282厘米

1500 年，威尼斯艺术家和印刷工人雅各布·德·巴尔巴里（约 1440—1516 年）雇用纽伦堡的安东·科贝格根据他的作品印制了一幅反映威尼斯全景的木版画，其中，他用微末的细节描绘了当时威尼斯的所有建筑、花园和岛屿。巴尔巴里创作的俯瞰图为我们了解 1500 年左右的威尼斯全貌提供了一份翔实可靠的证据。

图 56（左图）《威尼斯俯瞰图》（图 55 局部），1500 年

当巴尔巴里绘制这幅全景俯瞰图的时候，威尼斯这座城市的北部边缘区域，也就是提香的宅邸所处的位置，还没有建设起来。直到 1527 年，提香的居所才建造完工。起初，他只是租下了最上面的一层楼。可能在大约 1537—1539 年的时候，提香才搬进了其他楼层。1549 年，通过出租一块相邻的空地，他进一步扩充了自己的财产。

TERZA PARTE

IACOPO SANSOVINO SCVL.
FIORENTINO.

Descrizione dell'opere di Iacopo Sansauino Scultore Fiorentino.

MENTRE, che Andrea Contucci scultore dal monte Sansauino hauendo gia acquistato in Italia, & in Ispagna nome, dopo il Buonarruoto, del piu eccellente scultore, & architetto, che fosse nell'arte, si staua in Firenze, per fare le due figure di marmo che doueuano porsi sopra la porta, che uolta alla Misericordia del Tempio di san Giouanni; gli fu dato a imparare l'arte della scultura vn giouanetto figliuolo di Antonio di Iacopo Tatti, ilquale haueua la natura dotato di grande ingegno, & di molta gratia nelle cose, che faceua di rilieuo, perche conosciuto Andrea quanto nella scultura douesse il giouane uenire eccellente, non mancò con ogni accuratezza insegnarli tutte quelle cose

深入阅读：提香位于大比利的宅邸

1531年，提香举家迁入了位于圣坎奇亚诺教区的新居。当时，这栋房子处在威尼斯的东北边陲地带，周边尽是大片的花园。站在此处，我们的目光可以毫无遮拦地越过泻湖，直接望向威尼斯近郊的慕拉诺和意大利本土。如果天气特别晴朗的话，站在此地的我们，甚至可以看见阿尔卑斯山。如今，这栋宅邸的地基还在，但长久以来，其内部结构已然经过了多次改动，而且四周的花园也都消失不见了。1595年，威尼斯当局在此地修建了一道路堤，即所谓的“新的基地”，它将提香的宅邸与泻湖分隔了开来。相比较于威尼斯其他艺术家的住处，提香的宅邸显得更为宏伟壮丽，乃至于它被当时的人称为“一座雄伟而壮丽的建筑物”。瓦萨里曾说，这栋建筑就因为自身华

图57（左上图）乔瓦尼·布里托模仿提香的一幅素描《彼得罗·阿雷蒂诺》，约1538年
木刻，13.4厘米×9.3厘米
国立中央图书馆，佛罗伦萨

彼得罗·阿雷蒂诺（1492—1556年）生于阿雷佐，他所在的家庭并不是特别富裕。很小的时候，他就开始了写作，并且在教皇列奥十世的宫廷中开始了他的职业生涯。除了写作神圣和世俗的著作及戏剧之外，他的主要写作形式还涉及了大量的信件，正是这些信件让他享誉欧洲，但也为他招来了许多敌人。为此，他们还给他取了一个难听的绰号“天灾王子”。1526年，他搬到威尼斯，成为提香最为重要的朋友之一。乔瓦尼·布里托是一名德国艺术家，1530—1550年间活跃于威尼斯。

图58（右上图）《雅各布·塔蒂》，被称为桑索维诺，1568年
木刻版画的来源：乔吉奥·瓦萨里，《最优秀的画家、雕刻家传记》，佛罗伦萨，1568年，第二卷第三部分，第822页
国立中央图书馆，佛罗伦萨

1502年，雅各布·塔蒂（1486—1570年）进入安德里亚·桑索维诺位于佛罗伦萨的画室。塔蒂采用了桑索维诺这个名字，并且在1505年的时候跟随他的老师去了罗马。在1527年罗马沦陷之前，他逃回了威尼斯，并受到了阿雷蒂诺的热烈欢迎，他们两人曾在罗马建立了一段深厚的友谊。阿雷蒂诺可能将塔蒂介绍给了提香。在16世纪中叶的时候，桑索维诺是威尼斯最重要的建筑师。他负责建造了图书馆的重要部分、铸币厂和圣马可大教堂的钟楼前廊，后者至今仍是圣马可广场最亮丽的那道风景。

图59 德克·巴伦兹
《威尼斯舞会》，1583—1584年
纸上洗墨，40厘米×74厘米
国家博物馆，阿姆斯特丹

从1555年左右开始，一位名叫德克·巴伦兹（1534—1592年）的阿姆斯特丹画家可能在提香的画室中工作了些许时日。虽然在提香宅邸中举办的舞会的华丽程度定然比不上此画描绘的舞会场景，也即是说，画中情景的发生地并非提香的宅邸，但即便如此，学界还是普遍认为，巴伦兹绘制的画面背景定然使用了提香的花园景色，因为此画正好展现了一览无余的视野，横跨泻湖，毫无遮拦。在远处，我们可以看到圣克里斯托弗·德拉·佩斯岛屿，只有从提香的花园望过去，才能看到这个景色。

丽的外表而赚足了时人的眼球。根据这位传记作家的记述，当时所有在威尼斯居住或停留的王室成员、文人墨客以及著名人士都光临了提香位于威尼斯近郊的宅邸，因为，除了作为一名画家拥有显赫的名声之外，提香还是一位富有教养的绅士，举手投足之间，高贵仪态尽显。可能所有前往威尼斯游览的知名人士没有不希望结识这位著名艺术家的。一旦他们回到罗马，这样的相遇就成了一种引以为豪的谈资，与此同时，提香的名声在这个过程中便不胫而走。赞助人也派出经纪人和使者来往于提香的宅邸。在信件中，他们告知雇主艺术家的创作情况，甚至还写了主人的热情好客。1574年，卢瓦卢的亨利，这位未来的法国国王（亨利三世），甚至亲自拜访了提香的画室。

提香的宅邸也是一处供圈内朋友聚会的场所，这些人都是威尼斯的艺术家和学者。在这个圈子中，最重要的成员是彼得罗·阿雷蒂诺（图57、图93）和雅各布·桑索维诺（图58）两人。从1526年开始，阿雷蒂诺就定居威尼斯了。他因公开发表信函而声名鹊起，也因此令人敬畏有加。此人所写的恶意中伤的讽刺文字或者给王室成员、作家和艺术家带来名望，或者直接摧毁他们的名誉。当时的人都极为渴望阿雷蒂诺在他的信函中提及他们，大部分人为了得到这个机会，甚至会准备数额巨大的酬劳给这个让他们又爱又恨的人。此外，阿雷蒂诺在意大利的人文主义圈子中也扮演了一个重要角色。

1527年，被称为桑索维诺的建筑师雅各布·塔蒂逃到了威尼斯，当时，罗马已被神圣罗马帝国皇帝查尔斯五世请来的雇佣兵攻陷。在威尼斯，塔蒂立即得到了当地人的认可，而且在16世纪30年代期间，他一跃成为威尼斯共和国最重要的建筑师之一。圣马可大教堂的广场、图书

馆，以及大钟楼的建筑构图全部出自此人的设计。彼得罗·阿雷蒂诺、雅各布·桑索维诺和提香组成了三人同盟，他们对威尼斯文化生活的方方面面都产生了深远影响。通常，他们被认为是解答艺术问题的行家里手，或单独出现，或集体亮相。阿雷蒂诺书写的众多信函都提到了这三个人在提香的思想开放的宅邸中进行的交谈和适度的欢庆活动。这位作家将提香描述成了一个友善而慷慨的主人，极其擅长利用美味的食物和曼妙的音乐，来为艺术和知识的交流营造一种激动人心的氛围。

正如众多参观者所说的那般，这位伟大的艺术家从外表看去更像是一名颇有教养且经济富裕的手工艺人，而不像是一个享誉欧洲的绘画王子。此外，提香还极度渴望学习，他对与那个时代的艺术相关的所有事情都充满了兴趣。

在提香的朋友周围有一群来自威尼斯和国外的学者和艺术家，比如卢德维柯·多尔齐——此人撰写了一本关于提香的传记，他自己也是一名艺术理论家以及古典著作的翻译者，还有塞巴斯蒂亚诺·塞尔里奥（1475—1554 年）——此人是一名建筑师和建筑理论家，也是在 1527 年的时候从罗马来到了威尼斯，并从 30 年代末开始一直从事理论研究专著的写作，以及出版商弗朗切斯科·马可里尼——此人主要因为阿雷蒂诺的著作而名声大噪。1540 年，定居罗马的托斯卡纳人文主义者弗朗切斯科·普里夏内塞（图 60），为了印刷出版其最重要的著作（一部拉丁语法集），专程在威尼斯待了一段时间。在写给朋友的一封信中，他提到自己曾在提香的宅邸和花园中待了一个晚上，并对这段愉快的经历作出了精彩描述。毫无疑问，博学之士在那里进行的交流，以及客人带来的世界各地的新闻，都极大地拓展了提香的视野。

图 60 乔瓦尼·布里托模仿提香的一幅素描
《弗朗切斯科·普里夏内塞》，约1540年
来自《罗马语》的木刻，威尼斯，1540年

弗朗切斯科·普里夏内塞生于阿雷佐教区中的小城皮耶韦·迪·普雷西阿诺。起初，他待在家里，成为了当地的一名牧师。在 16 世纪 30 年代，他来到了罗马。在那里，他主要从事拉丁语言的研究，并很快作为一名语言学家取得了卓越的名望。在 1540 年以前，他写作了一本关于拉丁语法的专著，为了此书得以顺利发行，阿雷蒂诺还帮他联系了威尼斯的一位出版商。他的肖像（图 60）便来自这本书。还是在这本书中，他收录了一封写给他的朋友卢德维柯·贝齐和罗吉·德尔·里乔的信件，在信中，他描述了与提香等人共度良辰美景的情景。

图 61《牧羊人来拜》，1533 年
木板油画，93厘米×112厘米
碧提宫，帕拉蒂纳画廊，佛罗伦萨

较小的尺寸决定了这件作品并不是一幅祭坛画，而是一幅用以祷告的私人图像。乌尔比诺公爵弗朗切斯科·玛利亚·德拉·罗维尔所写的信件确定了此画的创作日期为1533年无疑。虽然损毁非常严重，但我们仍然能够在这个表现夜间的场景中感受到那种美妙的夜色以及迷人的反光。

像作品，将这种类型以最纯粹的形式应用在《拉贝拉》这幅画中才更有可能实现。

在这幅肖像画中，埃莉奥诺拉穿着一件华丽的宽袍长裙，浸染在蒙太费尔特宫五彩斑斓的建筑色彩中。蒙太费尔特家族是乌尔比诺的实际统治者，直到弗朗切斯科·玛利亚·德拉·罗维尔的出现，此人乃是最后一任蒙太费尔特的继承者。画中，埃莉奥诺拉端坐在一扇打开的窗户前。透过窗户，我们可以看见极其漂亮的风景，对此，提香在以前的作品中也多有描绘。如今，在这幅画的某些地方，表层色彩已经损毁或剥落殆尽了，但我们仍然能在远处的背景中辨认出那些令人惊叹的蓝色阴影，以及树木、田野和屋顶，它们在阳光的照射下反射出金灿灿的光芒。凭借繁复华丽的着装和贵重的珠宝，这位显得相当和蔼的妇女被赋予了一种高贵庄严的气质。相反，其低垂的双眼以及精致的樱桃小嘴，则带给人一种谦逊的良好印象。只有结实的下巴——双下巴和紧抿的双唇暗示了其下颚从结实到软化的迹象——间接表明了此人拥有的权力和决心，而这些正是埃莉奥诺拉所独有的特点。这幅肖像画的全部目的在于描绘一个漂亮、端庄且谦逊的文艺复兴时期的女性形象。彼得罗·阿雷蒂诺在他写的一封信中表扬此画的时

图 63（右图）《拉贝拉》，1536 年
布面油画，89厘米×75.5厘米
碧提宫，帕拉蒂纳画廊，佛罗伦萨

如同提香的众多其他作品一样，这幅肖像画极有可能也是对女性美的一种理想描绘，因而，它的表现对象并非任何一个具体的人。乌尔比诺公爵确认了这种说法，在一封写于 1536 年 5 月 2 日的信件中，他简单描述了此画，认为画中的人物就是“一位穿着蓝色服饰的女士”。此画主要通过巧妙结合色彩的明暗关系，从带有红色袖子的蓝色服饰，到肉体的色调和金黄褐色的编成一辫一辫的头发，从而获得了丰富的吸引力，给人以美的享受。

图 62（上图）《乌尔比诺公爵夫人埃莉奥诺拉·贡萨加的肖像》，约 1536—1538 年
布面油画，114厘米×103厘米
乌菲齐美术馆，佛罗伦萨

1509 年，年仅 16 岁的埃莉奥诺拉·贡萨加（1493—1555 年）嫁给了乌尔比诺公爵弗朗切斯科·玛利亚·德拉·罗维尔。这幅肖像作品完全符合文艺复兴时期理想的美德规范。此画丝毫没有表现埃莉奥诺拉的强势个性，这种个性只有在她积极支持其丈夫重新夺回领土的过程中才涌现出来，因为当弗朗切斯科·玛利亚·德拉·罗维尔外出作战的时候，正是埃莉奥诺拉代替自己的丈夫行使了统治权。

候，丝毫不吝其辞。十年后，提香创作了一幅类似的女性肖像画，仅仅通过刻画被画者的谦逊表情和华丽服饰，艺术家就将表现对象的性格特点鲜明地传达了出来，但这样的处理稍显过度。这幅画便是《葡萄牙的伊莎贝拉肖像》（图 65），他甚至是在没有见过真人的情况下绘制的此人的肖像。

与《埃莉奥诺拉肖像》相对应的作品是提香为埃莉奥诺拉的丈夫弗朗切斯科·玛利亚·德拉·罗维尔绘制的肖像画（图 64）。很明显，此人被刻画成了一位军事领袖。就好像闪闪发光的华丽铠甲以及若隐若现的头盔还不够似的，提香在画中刻意将此人表现为斜靠在威尼斯共和国象征指挥的权杖旁侧。在此人身后的丝绒绸布上方，我们可以看到由佛罗伦萨和教皇赐予他的指挥棒。位于指挥棒之间的是一根橡树枝，其上缠着一条丝带，上面写有此人的座右铭。他直接凝视着我们，目光中透着自豪和坚定的决心。虽然如此，我们也不禁觉得，这个娇小而脆弱的男人似乎要被肩上的重任压垮了，因为艺术家并没有将弗朗切斯科的全身形象描绘出来。

和其他肖像绘画一样，提香在这幅作品中也只是清楚地描绘了几个方面而已。但是，艺

TITIANVS F.

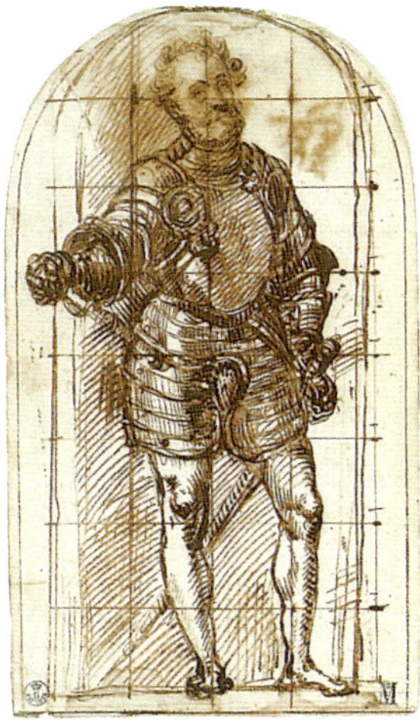

图 66《上图》《弗朗切斯科·玛利亚·德拉·罗维尔肖像习作》，约 1536—1538 年
纸上水墨，33.7厘米×14.2厘米
乌菲齐美术馆，素描和版画收藏室，佛罗伦萨

就严格意义来说，这幅草图并不是一件准确表现乌尔比诺公爵肖像的习作。许多文献材料告知我们，提香将这位公爵的铠甲带到了威尼斯，如此，他便能更为翔实可靠地予以表现——这幅习作的描绘可能与那个事件有关。

图 67（下图）《头盔习作》，1537/1555—1560 年
用木炭和白色粉笔在蓝色纸上描绘，45.2厘米×35.8厘米
乌菲齐美术馆，素描和版画收藏室，佛罗伦萨

对比弗朗切斯科·玛利亚·德拉·罗维尔肖像（图 64）中的那顶铮亮的头盔，这件作品更加完美地诠释了提香擅用炭笔的能力。变化多端的柔软线条、阴影丰富的黑色色调——提香在其中点缀了白色的粉擦，营造出更加强烈的光线效果——看起来好像是用画笔画出来的一样。艺术家成功模仿了一个打磨抛光的金属表面，效果完美至极。

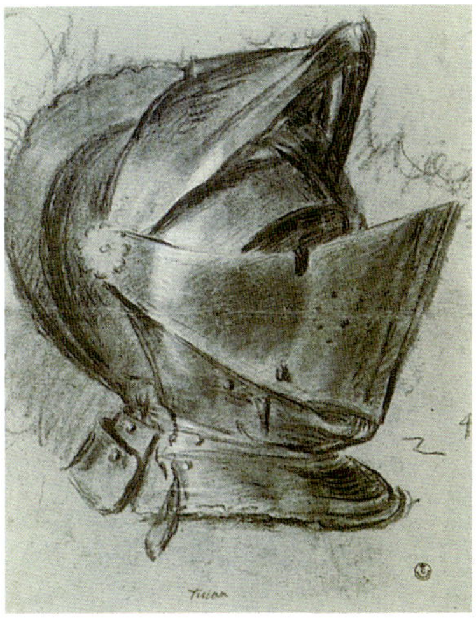

图 64（对页）《乌尔比诺公爵弗朗切斯科·玛利亚·德拉·罗维尔的肖像》，约 1536—1538 年
布面油画，114厘米×103厘米
乌菲齐美术馆，佛罗伦萨

弗朗切斯科·玛利亚·德拉·罗维尔（1490—1538 年）继他的叔叔朱利多巴尔多·达·蒙太费尔特之后成为了乌尔比诺的实际统治者。虽然起初受到了他的叔叔教皇尤利乌斯二世（朱利亚诺·德拉·罗维尔）的庇护，但弗朗切斯科还是在美第奇教皇列奥十世的统治下失去了乌尔比诺的统治权。即便如此，在他死后，乌尔比诺的领土还是重新回到了其继任者的手中。他是意大利最重要的军事领袖之一，并且频繁地为威尼斯共和国效劳。

图 65（上图）《葡萄牙的伊莎贝拉肖像》，1548 年
布面油画，117厘米×93厘米
普拉多国家博物馆，马德里

1526 年，葡萄牙的伊莎贝拉（1503—1539 年）嫁给了神圣罗马帝国的皇帝查尔斯五世。英年早逝的她，去世时仅有 36 岁，多年以后，查尔斯五世才委托提香为她绘制了肖像。苍白失色的面容突出了其柔和温顺的性格，这种气质在修长的纤纤手指中亦可得见。整幅肖像都是以红色、白色和金色等色彩的协调一致为中心。画中风景的蓝绿色调与这位皇后的眼睛形成了一种迷人的色彩对比。

图 68《乌尔比诺的维纳斯》，1538 年
布面油画，120厘米×165厘米
乌菲齐美术馆，佛罗伦萨

“斜躺的人体”这个主题让我们想起了藏于德累斯顿的那幅名作，即乔尔乔内的《沉睡的维纳斯》（图17）。如今，学界的阐释通常是将此画视为一则有关夫妻之间的爱情与忠诚的寓言。有些观点认为，这件作品与1534年朱利多巴尔多·德拉·罗维尔和朱莉安娜·瓦拉诺共结连理的事实有关。在模仿裸体女子的皮肤色调的方式上，提香拥有一种无可比拟的娴熟技艺，通过运用各种各样的色彩，从黄色到蓝色再到暗红色，所有这些颜色都混合而成了一种柔软的、桃色一般的色调。

术家仍然能够表达对象的个性特点，生动传神，给观画者留下了深刻印象。与早期的肖像作品不同，这种个性特点主要表现为那种权威的气质。在这里，通过表现被画者的僵硬姿势以及铠甲的光泽，人物的威仪举止显露无遗。这种将权威气质的表现与个人外表的相似结合起来的巧妙能力，意味着作为一名肖像画家的提香，颇受统治阶级的厚爱，他的类似作品可谓供不应求。

在16世纪30年代，提香也为埃莉奥诺拉·贡萨加和弗朗切斯科·玛利亚·德拉·罗维尔的儿子朱利多巴尔多·德拉·罗维尔（1514—1574年）绘制了另一幅杰作，也就是这幅举世闻名的《乌尔比诺的维纳斯》（图68）。1538年，朱利多巴尔多继承了其父亲的爵位。在一封写给威尼斯经纪人的信件中，朱利多巴尔多将这幅画的题材简单地描述为“裸体的女人”。强烈的色情氛围以及肖像画一般的特点，导致许多早期作者认为，此画是一幅表现宫廷交际花的肖像作品。虽然这种阐释的可靠性遭到了质疑，但有关此题材，学界至今仍旧没能给出令人满意的解释。在所有此类型的绘画中，从《花神芙罗拉》（图22）和《拉贝拉》（图63），到后来表现丹娜伊以及维纳斯的绘画，甚至到费德里科·玛利亚·德拉·罗维尔委托提香创作的《圣抹大拉的玛利亚》（图69），艺术家表现女性之美的主要意图非常明显。而且，与他的赞助人一样，提香通常也将这样一具女性裸体简单地描述为“裸体的女人”。例如，在晚年写给菲利普二世的一封信中，艺术家就使用了这个术语，用来描述《帕尔多的维纳斯》这幅画（图70）。对现代观众而言，女性胴体的高度色情化及其出人意料地与许多其他女性形象的相似，非常具有迷惑性。近年来，学术界刚刚开始认真研究这块属于文艺复兴艺术的处女地。提香的许多作品都探索了这种色情的张力，在艺术上具有极强的挑战性，因而也成为学术研究的对象。虽然早期对这些作品的研究通常都显得太过拘谨，或是从男性窥阴癖的角度深入，但文艺复兴时期女性地位的巨大差异现在已经成为了构成学术研究整体的一部分。在接下来的几年时间里，正是对这个领域的研究最能引发人们的兴趣，其发展指日可待。

但是，16世纪30年代期间，提香并非仅仅为乌尔比诺的宫廷服务。费德里科·贡萨加二世仍然是提香最重要的赞助人之一。此人专门为了装饰他的位于曼图亚的宫殿，而委托提香绘制了一系列肖像绘画，表现的是罗马帝国的12位皇帝。可惜的是，这些作品已经不存在了。

与此同时，威尼斯人坚持认为，提香应当遵守他在1513年作出的承诺，并为萨拉·德尔·格兰·康西格里奥创作一幅表现战争题材的

图70（上图）《帕尔多的维纳斯》（《朱庇特与安提俄珀》），1535—1540年，重绘于1560年左右
布面油画，196厘米×385厘米
卢浮宫博物馆，巴黎

1574年，在一封写给菲利普二世的大臣的信件中，提香对此画作出了如下描述：这是一幅表现“置身风景之中的裸体女人和萨提尔”的画像。其现在的标题《帕尔多的维纳斯》源自埃尔帕尔多的西班牙宫殿，此画正是在那里保存了很长一段时间。斜躺的裸体人物被解释为维纳斯的形象。实际上，这幅画表现的正是化身为萨提尔的朱庇特靠近国王之女安提俄珀的那个时刻，后者即将生下一对双胞胎。

图69（对页）《圣抹大拉的玛利亚》，约1530—1535年
木板油画，84厘米×69厘米
碧提宫，帕拉蒂纳画廊，佛罗伦萨

几乎可以肯定，这位圣人透体而出的那种美感——华丽的金色长发，没能遮住裸露的胸部，突出而非抑制了这种感觉——是这种类型的绘画会如此成功的主要原因。以此画为原型，提香的画室创作了无数的摹本和变体作品。（参考图114、图115）

图 71《神庙中圣母的引见》，1534-1538 年
布面油画，335厘米×775厘米
威尼斯美术学院画廊，威尼斯

各式各样的建筑元素、人物肖像、背景中的美丽风景，以及多处现实主义风格的细节描绘，令这幅画看起来就像是对一种变化多端的现实情景的精确反映。事实上，这些都是事先精心部署的现实布景，其中，提香力图展示其精湛的绘画技巧，并证明他拥有这样一种非凡的能力：对比任何作家或雕刻家，他可以更加准确地描绘这个世界。这种与其他艺术门类的竞争，被认为是一种"对照"，也是文艺复兴时期艺术理论的一个重要特点。

大型绘画作品，因为他已被授予"共和国画师"的头衔。1537 年，通过威胁收回他在此之前得到的所有资助的方式，威尼斯参议院强调了这个要求。提香最终履行了诺言，完成了这个义务，但 1577 年发生在总督府中的一场大火烧毁了这幅规模巨大的画。

威尼斯的赞助人委托提香于 1534—1538 年间创作的另一件作品则还在世，所以，我们仍有机会一睹此画的风采，它便是位于卡利塔圣母大教堂集会大厅中的《神庙中圣母的引见》（图 71）。这座教堂建筑如今是威尼斯艺术馆，即学院美术馆的一部分，因此，我们仍然可以在此画最初的背景环境中欣赏提香的杰作。

这种将人物群像与宗教性绘画结合起来的做法，后人再也无法超越了。这座教堂的所有重要人物都出现在了旁观者的庞大队伍中。接下来，我们的视线沿着他们的身后延展开来，一幅绝妙的阿尔卑斯山风景便赫然出现在了眼前。与之相对的是，圣母玛利亚的身后出现了一堵墙，而她独自一人站在神庙的台阶上。玛利亚在没有他人帮助的情况下自己爬上了阶梯，此部分在这则故事中是非常重要的一个阶段。在这里，通过将圣母置入完全不同的背景，而且将她的衣服和天空绘制成同样的颜色，提香突出表现了她的孤独，与旁观者群体形成了鲜明对比。如此，艺术家便创造了两种具有不同作用的图像，一种是群体肖像性质的作品，一种是宗教性质的绘画，虽然两者彼此之间的联系非常密切，但就宗教性质的图像而言，我们可以从集体或个人的视角来思忖此画。

与 16 世纪 30 年代晚期创作的所有绘画一样，此画最独特的元素便是其构图的从容和细节的极度真实。虽然在目光的引导和姿势的协调下，画中的主角似乎建立了彼此之间的联系，但事实上，相比较于 16 世纪 20 年代以及 30 年代早期的那些作品，30 年代晚期创作的绘画就显得不那么复杂、戏剧性和做作了。在画面前景中，装鸡蛋的竹篮、母鸡和小黑猪、圣母玛

利亚身后的显出纹脉的大理石圆柱，以及长满青苔的台阶前沿——相比较于提香的任何作品，所有这些图像的描绘方式都显得更加栩栩如生。16 世纪 30 年代期间创作的许多图像也具有类似的情况，比如《圣母子、圣凯瑟琳和一只兔子》（图 42）中的那只迷人的水果篮、摆放在乌尔比诺公爵夫人书桌上面的价值连城的闹钟（图 62），以及公爵身穿的闪闪发光的铠甲（图 64）。

提香一直沿用了这种特殊的描绘手法。在创作于 16 世纪 40 年代早期的某些绘画作品中，这种手法仍然是典型的特点。这些作品包括《帕尔多的维纳斯》（图 70）、《施洗者圣约翰》（图 74）和《向军队致辞的阿方索·德·阿瓦罗斯》（图 75）。但是，到了这个时候，已经有迹象表明提香的绘画方式发生了微妙的变化。根据艺术史的叙述，这种变化发生在提香所面临的“样式主义危机”的艺术阶段。

图 72（对页）《神庙中圣母的引见》（图 71 局部），1534—1538 年

委托提香创作此画的卡利塔圣母大教堂的所有重要成员，都被提香绘入了观众的行列。这个教堂组织是威尼斯市民自发组成的联盟，它的最初目的是确保其成员死后享有适当的葬礼仪式。经过多年的发展，六个最为富有的成员（斯库奥拉·德拉·卡利塔是其中之一），成立了重要的慈善机构，他们在威尼斯这座城市的日常生活中也扮演了一种重要的政治角色。

图 73（右图）《神庙中圣母的引见》（图 71 局部），1534—1538 年

年幼的玛利亚穿着一件华丽的蓝色丝绸童装，周身环绕着一圈金色的光芒。她正在独自攀登神庙的台阶，身体笔直，颇有威严，这种方式在某种程度上暗示了她将来所要扮演的角色，即便只有三岁的芳龄。微光闪烁的服饰、环绕身体的金色光芒，以及玛利亚身后的华丽的大理石圆柱，都为圣母的形象营造了一种高贵的氛围，而画面前景中的丑陋老妪与玛利亚形象的尖锐对比，则进一步加深了这种感觉。

图 74（对页）《施洗者圣约翰》，约 1540 年
布面油画，201厘米×134厘米
威尼斯美术学院画廊，威尼斯

画面左侧的绝壁风景进一步凸显了施洗者圣约翰的强健躯体。灰褐色岩石的拱形结构使得观者产生了如下感觉：自然也在有意回避这个伟大的人物。在画面右侧，我们的视野越过前景，来到了一条波光粼粼的小河边，这处风景影射了施洗者约翰肩负的重任。在这幅画中，风景不仅是作为构成画面整体的组成部分，它还在传达此画的意义及内涵的过程中扮演了一个重要角色。

图 75（上图）《向军队致辞的阿方索·德·阿瓦罗斯》，1539—1541 年
布面油画，223厘米×165厘米
普拉多国家博物馆，马德里

“指挥官向军队致辞”是一个传统的绘画题材，并在文艺复兴时期重新流行起来。此画是以一个具体的原型为依据进行创作的：在 1532 年匈牙利反抗土耳其人的战争中，阿瓦罗斯发表了一篇演讲，借此鼓舞麾下军队的士气。但是，除了这种表面含义之外，此画极有可能还具有一种更为普遍的讽喻意义，因为那个抱着头盔的小男孩是公爵阿瓦罗斯的儿子弗朗切斯科·费兰特，此人在 1532 年的时候只有一岁大，但画中小孩的年龄看起来远不止如此。

神圣罗马帝国皇帝与梵蒂冈教皇："样式主义的危机"——提香的罗马之旅

图 76《最后的晚餐》，1542—1544 年
布面油画，163厘米×104厘米
总督府，乌尔比诺

相比较于《基督复活》(图 77)，提香的画室基本没有参与这个部分的游行条幅绘画的创作。虽然我们非常清楚，提香在创作的过程中并非所有事情都会亲力亲为，他还是会将部分工作交由他的画室来完成，但我们还是可以接受如下观点：技艺娴熟、快速绘制的各块色域，比如桌上的酒瓶，都是由提香亲自创作的。提香的典型特点是对构图的精妙组织，其间充满了艺术的自信，这种构图通常要求一种水平的形式变成一种垂直的形式。

图 77（对页）《基督复活》，1542—1544 年
布面油画，163厘米×104厘米
总督府，乌尔比诺

与图 76 一样，此画最初是提香为乌尔比诺的基督圣体兄弟会创作的单件游行条幅图像的一部分。事关创作报酬的原始文献最早可追溯至 1542 年，而到了 1544 年的时候，可供证明此画创作日期的材料仍然存在。早在 1546 年，这件条幅性质的绘画便裂成了两半。在这里，提香重复使用了《基督复活三联画》(图 36) 中的构图形式。但是，"色彩的变化更加丰富"是 16 世纪 40 年代之后不久提香作品的典型风格，即使这两部分条幅绘画的创作都少不了艺术家工作室的协助。

在艺术史中，"样式主义"这个词的含义和用法极为多变。现在，学术界在尝试确定其释义的同时，也试图解决这样一个问题，即我们是否可以，以及何时能够使用这个词来解释一种艺术风格。这些不同解释的共同特点在于认为样式主义指的是一种艺术风格，它偏离了对现实的精确描绘，却偏爱一种人为创造的艺术形式，这种形式明显又以艺术家自我的所思所想为基础。在通常情况下，虽然样式主义作品都显露出了一股浓浓的矫揉造作之风，但却具有迷人的魅力。样式主义的重要代表人物包括众多风格迥异的艺术名家，比如米开朗基罗、朱利奥·罗马诺（以及拉斐尔的一些学徒）、柯雷乔（1494—1534 年）和帕尔米贾尼诺（1503—1540 年）。

16 世纪 30 年代的提香在艺术上可谓如日中天，但这时却出现了一名强有力的竞争对手，提香独霸威尼斯画坛的格局被打破了。此人名叫乔瓦尼·安东尼奥·波代诺内（1484—1539 年），他在许多方面都胜过了提香，比如以更低的价格出售作品，以及为了迎合赞助人的喜好而以米开朗基罗和朱利奥·罗马诺笔下的人物为原型绘制强壮有力的人体形象。即便是提香的朋友彼得罗·阿雷蒂诺，曾经也认为波代诺内是唯一可与米开朗基罗相比肩的人。

16 世纪 30 年代末，红衣主教乔瓦尼·格里马尼邀请罗马艺术家弗朗切斯科·萨尔维亚蒂（1510—1563 年）、乔瓦尼·达·乌迪内（1487—1564 年）和朱塞佩·波尔塔（约 1520—1575 年）前来威尼斯，用罗马风格装饰其位于福尔摩萨圣母教堂附近的宫殿。1541 年，在托斯卡纳的同乡彼得罗·阿雷蒂诺（他们都来自阿雷佐）的盛情邀请下，乔吉奥·瓦萨里也来到了威尼斯，为阿雷蒂诺的喜剧《塔伦它》创作舞台布景。所有这些艺术家都将样式主义的思想介绍给了威尼斯。在威尼斯工作的其中一位艺术家是安德里亚·斯齐亚沃尼（约 1510/1515—1563 年），他的创作都是以意大利北部艺术家的作品为原型，比如帕尔米贾尼诺（1503—1540 年）和柯雷乔（约 1494—1534 年），但对罗马的艺术家视而不见。所有这些艺术家的作品，以及拉斐尔、米开朗基罗和柯雷乔创作的众多版画，一定对提香的艺术产生了深刻影响。艺术家再次着手开始实验色彩与空间。在这个意义上，我们可以确信，这是提香艺术生涯的一次创造性危机：在这个阶段，他的作品几乎无一致性可言。但这仍然是一次充满了创造性的危机，他开始尝试创造新的描绘方式，正是凭借于此，一种全新的艺术风格即将浮现，虽然在当时，他已是近乎花甲之年。

当时，为了完成无数的创作委托，提香不得不雇用了很多助手。如今保存下来的作品也并非完全是他的真迹。我们现在拥有的许多作品仅仅是多少有些天赋的助手在其构思的基础上创作出来的，其中有些人在提香手下工作的时间非常短暂。他偶尔会在助手绘制的作品表面添上几笔，以此方式将这些作品都归入自己的名下。这就是为什么相对于提香的早期作品而言，自 16 世纪 40 年代开始，从他画室中流出的许多作品更加难以分类和确定创作日期了。这种情况在主题性的文学作品中也经常出现，大量不同的创作时间暗示的是另外一些作品。

提香为乌尔比诺基督圣体兄弟会创作的旗幡图像（图 76、图 77）就体现了他本人及其工作室的样式化特点，这种风格统治了提香 16 世纪三四十年代的艺术创作。与《神庙中圣母的引见》（图 71）一样，提香现在对建筑主题表现出了更为强烈的兴趣。通常，相比较于色彩的价值，他对此类题材的关注要少得多。但是，除了建筑和人物之外，画面上的细节几乎全是静物，比如那瓶放在长桌前端的酒。他并不是通过对画面细节的辛勤描绘，正如 15 世纪的尼德兰艺术家所做的那样，而仅仅凭借对色彩效果的精确掌控，从而取得了这些完美而令人信服的假象。比如，以酒瓶为例，通过描绘一小片鲜艳的红色（越往左，颜色越浓）和两条白色的线条，提香就创造了一个装满酒的透明玻璃瓶的视幻觉形象。

应伊索拉圣灵大教堂的圣奥古斯丁修道会的委托，提香创作了一幅天顶壁画（图 78、图 79），这件作品明确体现了他是如何与样式主义

图 79（右图）《该隐与亚伯》，1542—1544 年
布面油画，292厘米×280厘米
安康圣母大教堂，威尼斯

与图 78 一样，此画最初也是位于伊索拉圣灵修道院的天顶装饰画的一部分。这些装饰画所在的天顶出自雅各布·桑索维诺的设计，惜已不存。1656 年，这些画被转移到了安康圣母大教堂。强壮有力的躯体和点缀着闪电条纹的云朵，这些元素都可以在提香 16 世纪 20 年代以后的作品中看到。但是，到了 40 年代，他不再热衷于表现绘画的空间和客体对象（比如，主要以色彩形式出现的皮肤、毛皮、云朵和石头等）的不同质地。

图 78（对页）《以撒的献祭》，1542—1544 年
布面油画，328厘米×282厘米
安康圣母大教堂，威尼斯

在圣灵修道院的众多画作中，这幅为天顶的中间部分绘制的油画算得上是尺寸最大的一幅。强壮的亚伯拉罕几乎占据了整个画面。提香采用透视短缩的方式，来表现此人的形象，其伸展开来的双臂将此画的多个中心戏剧性地联系了起来。在画面的右下角，他强行按住了自己唯一的儿子和继承人以撒的脑袋。为了证明自己的信念，亚伯拉罕准备顺从上帝的意志，牺牲以撒，用儿子的生命来祭献上帝。在画面的左上方，上帝的天使出现了，为了拯救信徒亚伯拉罕的儿子，他一手抓住了亚伯拉罕正要向下挥去的刀剑。

者创造的新艺术形式靠拢的。在提香之前，波代诺内和瓦萨里，以及为红衣主教格里马尼效力的其他艺术家都创作了天顶画。但是，提香的天顶绘画显得与众不同，就像一道霹雳，突兀闪现。它们的纪念碑性以及向下短缩的视线（所谓“透视天顶画”）超越了威尼斯的任何类似作品，即便提香使用的有些形式是以柯雷乔和波代诺内在威尼斯圣斯特凡诺修道院中创作的壁画为原型的。可能最初接受委托为圣奥古斯丁修道士绘制作品的瓦萨里，也断然盛赞了提香对“透视天顶画技术”的熟练掌控。魁梧而健壮的人体处于令人难以置信的运动中，强势和自信皆显露无遗，提香由此证明，他比波代诺内和瓦萨里要优秀得多。这再次证明了他在威尼斯画坛的地位之高，无人能出其右。除了威尼斯之外，提香日渐将其目光转向更多外地的重要赞助人。比如，几乎整个 16 世纪 40 年代，他都在为神圣罗马帝国的皇帝及其直系随从人员创作，这段时间的作品数量甚至超过了之前十年的创作总数。即便是教皇保罗三世也有幸得到了提香创作的一些绘画，而他的前任尝试引诱提香到罗马为其服务，却无奈地以失败告终。

大约在 1540 年，提香为米兰的最高统治者，即瓦斯托公爵阿方索·德·阿瓦罗斯（图 75），绘制了两幅作品。1978 年，新发掘的材料证明，提香接受的进一步委托，即为米兰的恩宠圣母大教堂绘制的《头戴荆棘冠的基督》（图 80），这件作品体现了他对朱利奥·罗马诺的作品的回应——与阿方索·德·阿瓦罗斯的创作委托存在密切的联系。

不久之后，提香为教皇年仅 12 岁的孙子拉努乔·法尔内塞绘制了一幅极为迷人的肖像画（图

图 80（左图）《头戴荆棘冠的基督》，1540 年
木板油画，303厘米×180厘米
卢浮宫博物馆，巴黎

此画背景中的强健躯体和浓郁的乡村味道，明确体现了提香对曼图亚的朱利奥·罗马诺发展的各种艺术形式充满了兴趣。在 16 世纪 40 年代早期，色彩的丰富多变是提香用色的典型风格。在此画中的某些区域，强烈的蓝色与黄色、绿色和粉色形成了鲜明的对比。相比较于乌尔比诺的那件游行条幅绘画（图 76、图 77）的色彩，这件作品的用色显得更加精巧和协调一致。虽然采用了新的色彩处理方法，但此画仍然拥有特别现实的细节表现，比如基督头戴的荆棘冠、折磨者手中所拿的长棍，以及最前面的那个折磨者身穿的锁子甲。

图 81（对页）《拉努乔·法尔内塞肖像》，1542 年
布面油画，89.7厘米×73.6厘米
国家艺术馆，克雷斯收藏，华盛顿

拉努乔·法尔内塞（1530—1565 年）是皮埃·罗吉·法尔内塞的儿子，后者的父亲是教皇保罗三世。1542 年，拉努乔来到了威尼斯，担任隶属马耳他骑士团（医院骑士团）的圣乔瓦尼·弗兰妮隐修院的院长。长袍上的白色十字图案明确表明了他是教会体制的一名成员。面朝观众但看向画面左侧的方式，以及稍微旋转的身体，使他看起来好像就要离开这个地方了，提香正好抓住了这一时刻，并记录在了画面中。这种似动非动的态势极大促成了此画意欲传达的那种如小孩子一般朝气活泼的感觉，给观者留下了深刻印象。

图 82（对页）《克拉丽莎·斯特罗齐肖像》，1542 年
布面油画，115厘米×98厘米
德国柏林国立普鲁士文化遗产图书馆，柏林

克拉丽莎·斯特罗齐是罗伯托·斯特罗齐与马达莱娜·美第奇所生的女儿，从 1540—1542 年，背井离乡的他们定居在了威尼斯。连同《拉努齐·法尔内塞肖像》（图 81）一起，此画是提香在 1542 年绘制的第二幅迷人的儿童肖像作品。画中的克拉丽莎正在给她的小狗喂食，但与拉努齐一样，克拉丽莎正在看向画面之外发生的事情。这种表现方式营造了一种鲜明的运动感。小天使的浮雕形象进一步突出了克拉丽莎所拥有的天真烂漫的生命力。

图 83（上图）《一个女孩的肖像》（《拉维尼亚》），约 1545 年
布面油画，85厘米×75厘米
卡波迪蒙蒂国家博物馆，那不勒斯

这幅小画中的年轻女孩通常被认为是提香的女儿拉维尼亚。但是，除了金色的头发之外，几乎没有证据能够支撑上述结论。有观点认为，图中所示的女孩名叫克莉亚·法尔内塞——如果真是如此，那便意味着此画的创作应是出自教皇保罗三世家族中的一位成员的委托——但这种说法的支持者寥寥无几。甚至，针对此画是否为提香的原创作品，或者此画是否为另一位天赋异禀的艺术家绘制的模仿之作，学界仍然存在极大的争议。可以确定的是，提香派系的一位成员已经画过了这幅暗淡的粉红色和轻柔的金黄色互相交织的画作。

图 84（左图）《教皇尤利乌斯二世肖像》，1512 年
拉斐尔·桑齐奥
木板油画，108厘米×80.7厘米
国家美术馆，伦敦

这幅现藏于伦敦的画，是一系列复制画和变体画的原型。相比较于提香的版本，拉斐尔所绘的同名肖像画中的房间角落以及有色墙壁的主题，间接表明了一种更为具体的空间结构。在提香的作品中，背景是一种中性的灰暗色调。因此，对比拉斐尔的版本，提香所绘的肖像似乎更加具有一种时间的永恒性。

81）。这是他为教皇所在的法尔内塞家族创作的系列肖像画中的第一幅，而最后一幅作品的完成则要等到 1546 年。在为拉努乔·法尔内塞创作肖像画的同年，提香也绘制了另一幅迷人的儿童肖像画，被画的对象是克拉丽莎·斯特罗齐（图 82）。在这两幅肖像作品中，提香表明了他自己就是一位大师，极其擅长描绘儿童青春活泼的特点——比如，在眼睛和嘴唇处加上一道亮光，在头发上演绎光影的交织，以及传达一种即时运动的感觉。在克拉丽莎·斯特罗齐的肖像画中，提香添加了一些象征性因素，比如一条小狗和两个丘比特，它们所在的位置非常显眼。而在拉努乔·法尔内塞的肖像画中，他仅仅通过正常的描绘方式予以表现，比如对人物脸颊的鲜艳着色，刻画眼中的映像，以及光亮的嘴唇等。提香绘制的儿童肖像画看起来总是显得特别真实，虽然

图 85（对页）《教皇尤利乌斯二世肖像》（模仿拉斐尔），1545—1546 年
木板油画，99厘米×82厘米
碧提宫，帕拉蒂纳画廊，佛罗伦萨

很有可能，提香是受了乌尔比诺的罗维尔家族的委托，专门模仿拉斐尔为尤利乌斯二世绘制的肖像画，因为这位教皇算得上是他们的祖先。由于拉斐尔所绘的肖像画在文艺复兴时期便有无数的版本和变体作品，所以到目前为止，还不确定提香模仿的原型到底出自其中的哪幅作品。

他创作的成人肖像作品似乎都受到了当时各种不同思想的影响。将提香的肖像画与其同时代的作品作一番直接比较，就能发现提香在儿童肖像和成人肖像这两个领域都精通绘事。1512年，拉斐尔为教皇尤利乌斯二世创作了肖像画（图84），现藏于伦敦。16世纪40年代，提香以拉斐尔的这幅画为蓝本为尤利乌斯二世绘制了肖像（图85）。到目前为止，我们仍然不清楚，提香是否模仿了那幅画的创作，或者仅仅是对那幅画的原样进行复制（拉斐尔创作的那幅画当时可能在乌尔比诺），又或者是根据同样的原型创作的另一个版本。将提香和拉斐尔分别为尤利乌斯二世创作的肖像画（图84、图85）予以对比，我们发现，提香拥有一种创造理想化且完全准确的人物形象的能力，给人留下极其深刻的印象。在拉斐尔的版本中，教皇坐在房间的一个角落，身后是一幕用绿色丝织品做成的墙面罩。虽然提香描绘的尤利乌斯也处在同样的背景中，但他选取了一个更近的视角。他并没有费心去表现室内的陈设，相反，他只专注于教皇形象的描绘。相比较于拉斐尔，提香表现人物衣饰的方式显得更加概括，虽然过于强调织物表面光影交织的效果。所有这些变化造就了这样一幅肖像，使尤利乌斯二世具有了更真实的存在感。虽然从大体的面貌到细密的皱纹，提香丝毫不落地复制了这位老人的面部形象，但相比较于拉斐尔的原作，提香版本的教皇看上去多了几分威严，少了几丝忧郁。他的画能够取得这般效果，完全凭借的是一些作画的窍门，这些小窍门对此画的整体表现产生了决定性影响。虽然在拉斐尔的绘画中，列奥的嘴角朝下，双唇紧抿，几乎看不到唇缘，但在提香的版本中，教皇的嘴唇显得松弛柔滑，并有些许的弯曲，其松弛的嘴角在脸颊的边缘处形成了皱纹。此外，提香塑造的教皇形象处于一种更加直立端坐的姿势，但这个细节几乎没能引起我们的注意。这些细微的变化可能看起来微不足道，但实际上，它们赋予了这幅肖像画一种更加威严的品质，显然提香明确意识到了这些细枝末节的重要性。

提香为拉努乔·法尔内塞绘制肖像使他第一次有了接触保罗三世的机会，因为这位教皇也来自法尔内塞家族。虽然红衣主教彼得罗·本博（图86）和其他人一而再再而三地邀请他前来罗马，但提香还是礼貌地拒绝了每一次邀请。1543年，当教皇保罗三世为了与神圣罗马帝国皇帝磋商而来到意大利北部时，提香最终同意为此人绘制肖像。他不仅创作了著名的《不戴帽子的教皇保罗三世肖像》（图90）（后来还频繁以此画为蓝本进行创作），此外，他还绘制了另一幅肖像画，画中的教皇戴着一顶帽子，这幅画可能是为

图87《红衣主教亚历山德罗·法尔内塞肖像》，1545—1546年
布面油画，99厘米×79厘米
卡波迪蒙蒂国家博物馆，那不勒斯

亚历山德罗·法尔内塞（1520—1589年）是皮埃·罗吉·法尔内塞的儿子，教皇保罗三世的孙子。虽然他的祖父向其倾斜了大量资源，并授予他诸多教会的荣誉和头衔，但当1549年保罗去世的时候，他还是没能继承祖父的衣钵，成为新一任的教皇。即使如此，直到去世之前，他仍然对罗马的政治具有极大的影响力。除此之外，他还是一个极其重要的艺术赞助人。

教皇的孙子红衣主教亚历山德罗·法尔内塞（图87）绘制的。正是后者将提香介绍给了法尔内塞家族，而且，作为一名重要的艺术赞助人，他还委托提香绘制了其他作品。

在这个阶段，提香可能已经同意他的儿子波姆波尼奥去教堂生活了，因为后者决心成为一名教士，而提香的另一个儿子奥拉齐奥则在他的画室中工作。提香请求波姆波尼奥被分配到较为富裕的科利圣彼得修道院，因为这个地方毗邻小城席内达，提香在那里拥有自己的土地和财产。

提香允诺其儿子过上修士生活，此举最终促成了提香的罗马之旅。1544年9月20日，教皇的威尼斯特使致信红衣主教亚历山德罗·法尔内塞，告知此人提香已经准备好前来罗马，“巨细无遗地绘制阁下的光辉家族”。但直到1545年的10月，提香才在朱利多巴尔多·德拉·罗维尔安排的一名护卫的陪同下来到了罗马这座永恒之城。他的住处被安排在了梵蒂冈宫的望景楼，此地经常被用来招待教皇的贵客。在这里，正如他在一封写给查尔斯五世的信件中所说的那样，他开始着手研究那些他从未见过的古典雕塑作品了。据称，瓦萨里曾在这些游览事宜上指导过提香，虽然提香刚到罗马的时候，他甚至不在这座城市。但可以确定的是，提香将会看到拉斐尔和米开朗基罗以及罗马其他当代艺术家的伟大杰作，正如反过来，他在望景楼的画室也吸引了众多罗马画家前来观看一样。在写给红衣主教亚历山德罗·法尔内塞的同一封信中，教皇特使写道，提香即将前来罗马，此外，他在信中还提到了一个“裸体女人”。以这个“裸体女人”为主题的画作是提香应亚历山德罗的请求开始绘制的，亚历山德罗也会将这件作品带到罗马。特使写道，只要提香最终如愿以偿为其儿子谋得他所希望的生活，那么在这个裸体女人面前，《乌尔比诺的维纳斯》（图68）也会黯然失色，看起来如同一名修女。提香带到罗马的作品就是这幅《丹娜伊和丘比特》（图88）。根据瓦萨里的记载，甚至伟大的米开朗基罗都在提香位于梵蒂冈宫望景楼的画室中见到了这幅画。在针对此画的评论中，米开朗基罗明显表露出了愉悦的情感，虽然我们并不确定那些话语和措辞一定是他亲自表述的，这些言语也有可能出自瓦萨里之口。显而易见，米开朗基罗对这幅画的评价很高，说道提香的用色及风格形式令他感到非常满意，但米开朗基罗也说道，令人失望的是，威尼斯的艺术家并非从一开始就学习画画，因而大多基础不牢固，而那些画家也没有追

图86（对页）《红衣主教彼得罗·本博肖像》，约1540年
布面油画，94.4厘米×76.5厘米
国家艺术馆，克雷斯收藏，华盛顿

画中红衣主教的面孔偏向了左侧，其尖角的鼻子和突出的颊骨无法掩盖这位老人已经70岁的高龄。但是，他的目光相当坚定，姿势也显得意味深长，这些因素明显突出了这位伟大的人文主义者的精神魄力。人物的面部表现营造了一种文雅温和的生机活力，而精美的褶皱以及丰富的丝绸虹彩则进一步加深了这种印象。

求更多的艺术表现手法（包括对古代和现代作品的研究）。按照他的看法，艺术家需要学习的对象并非只有大自然。不管这番言论是否出自米开朗基罗之口，或者是瓦萨里的捏造，它仍旧如实反映了16世纪中叶风行的有关艺术的争论。瓦萨里和米开朗基罗代表了托斯卡纳和罗马人的观点，这种看法强调的是艺术家的创造能力及其对其他门类艺术的了解，尤其是古典和当代的作品，这远比模仿自然的单一能力要重要得多。但是，威尼斯的理论家，比如深受提香艺术风格影响的卢德维柯·多尔齐，却认为色彩调和以及模仿自然的能力同样重要。依多尔齐之见，如果一位画家能够将米开朗基罗的素描和提香的色彩结合起来，那么他就是完美的艺术家，属于艺术家当中的佼佼者。

1546年，提香突然停止了为教皇服务，将这幅还没画完的表现教皇及其孙子的画搁置而不予理会，虽然他写信向法尔内塞家族保证他很快就会返回罗马。尽管被授予了罗马荣誉市民的称号，但他并没有为他的儿子谋得他所想要的生活。确实，在提香前往罗马之前，阿雷蒂诺就曾告诫过他的朋友，不要对教皇寄予太高的期望。

如今，大多数学者都认为，《总督安德里亚·格里蒂的肖像》（图92）是提香在回到威尼斯后不久绘制的。这意味着，他是在这位总督去世之后创作了此画。即便如此，这幅肖像作品仍然成功表现出了总督威严的性格特点。在这里，色彩的重要地位不言而喻，就如同《不戴帽子的教皇保罗三世肖像》（图90）和《彼得罗·阿雷蒂诺肖像》（图93）一样，后者的创作时间也在1545年左右。

图88《丹娜伊和丘比特》，1544—1546年
布面油画，120厘米×172厘米
卡波迪蒙蒂国家博物馆，那不勒斯

“丹娜伊的故事”讲述的是朱庇特婚外出轨的一桩情事。这位古典神话中最有权势的主神，下界探望国王阿戈斯的女儿丹娜伊，但却是以一阵金雨的形式出现的，因为在听得丹娜伊的儿子将会杀死自己的预言之后，丹娜伊的父亲阿克瑞斯已经将她锁在了一座青铜铁塔之中。

深入阅读：

教皇保罗三世和他的孙子——提香为这位教皇绘制的肖像画

图 89《教皇保罗三世与他的孙子奥塔维奥和红衣主教亚历山德罗·法尔内塞》，1545—1546 年
布面油画，200厘米×173厘米
卡波迪蒙蒂国家博物馆，那不勒斯

原名亚历山德罗·法尔内塞的保罗三世生于 1468 年，在 1534 年成为教皇。他首先在教皇亚历山大六世统治下的教士集团中开始了自己的职业生涯。虽然作为神职人员，但他还是育有四个孩子，皮埃·罗吉是他的唯一存活下来的儿子，此人也生养了四个儿子，分别名为亚历山德罗、奥拉齐奥、奥塔维奥和拉努乔。出现在这幅画中的分别是教皇保罗三世及其两个孙子，即红衣主教亚历山德罗和奥塔维奥。

提香为罗马教皇家族绘制的最重要的作品，要数这幅《教皇保罗三世与他的孙子奥塔维奥和红衣主教亚历山德罗·法尔内塞》（图 89）。但是，这件作品还没有画完就不知去向，消失在了法尔内塞家族的宫殿中。这幅三人肖像组画，反映了有关矛盾丛生的法尔内塞家族的戏剧性故事以及教皇的狡猾策略，现在被认为是一件心理艺术的杰作。

在前往罗马之前，提香已经为保罗三世绘制了另外两幅肖像画。在这幅《不戴帽子的教皇保罗三世肖像》（图 90）中，呈现在观者眼前的是一个垂垂老矣但仍旧强势的教皇形象。这种印象是通过如下事实营造出来的：画中人物微微转过头来，向下俯视着我们。椅子和长袍的暗红色与折叠的法衣所具有的白色混合在一起，从而形成了色彩之间的鲜明对比，暗红色和白色的上方是老人的小脑袋。与用宽阔的笔触描绘出来的长袍相反，教皇的头部四周似乎尽是细微的头发，提香用微小的笔触将其表现了出来。凝视观者，仿佛能看穿人心的深邃的双眸被艺术家赋予了额外的生命力。在提香的这幅代表作中，最精美且又极不寻常的地方是他对戴着显眼的“渔人权戒”的双手的表现。虽然教皇自己已经是一个垂垂老矣而即将入土的人了，但整幅画面就是对教皇的权力与伟大的表达。在这幅肖像画中，可能观者了解到的所有关于教皇的罪孽生活的东西，都不得不被排斥出画面。但是，这幅表现教皇及其孙子的肖像画，通常被明确地解释为一幅心理学意义上的剖面图，值得我们用莎士比亚的作品来称颂它——无论如何，这是鲁道夫·帕卢切尼和哈罗德·韦西的看法，他们在专论提香的著作中明确表达了这样的观点。与前两幅肖像作品完全相反，这幅画直接促使我们将自身所了解到的有关教皇谜一般的性格特点及其继承人之间权力斗争的一切都囊括进这件作品的解读中。

不管如何，这幅三人肖像组画定然是提香整个艺术生涯所面临的最为困难的任务之一，因为他必须将外交和政治等事项考虑在内。法尔内塞家族选择提香这位神圣罗马帝国最钟爱的肖像画家创作此画，绝对是一个政治信号。在这幅肖像画中，教皇保罗三世的五位男性子嗣只出现了奥塔维奥和亚历山德罗·法尔内塞，这也是当时的政治事件背景的一部分。

这位当选不久的教皇极有可能授予了他的两名亲戚——通常是侄子——红衣主教的职位，而他们所负责的正是教皇统治的重要事宜。但是，以保罗三世为例，他的两名亲戚实际上都是其直系子孙，也就是他的儿子皮埃·罗吉的儿子，分别名为亚历山德罗和拉努乔。但在这幅肖像绘画中，红衣主教亚历山德罗与他的俗世兄弟奥塔维奥一起出现。后者已经在 1538 年与查尔斯五世的亲生女儿奥地利的玛格丽特结成了连理。在提香开始绘制此画的那段时期，这位神圣罗马帝国的皇帝与教皇保罗三世建立了密切的外交关系，而红衣主教亚历山德罗则是他们的中间人，因为亚历山德罗作为教皇的使者经常在查尔斯五世的宫廷中逗留。查尔斯的主要目的是在发动镇压德国新教势力的战争中谋求各方面的经济支持。作为回报，一直热衷于增长家族财富和为家族成员谋取重要头衔的教皇保罗三世，必须做好准备，将帕尔马和皮亚琴察公国的统治权移交到查尔斯皇帝的女婿奥塔维奥手中。这些领土，包括米兰，最终都落入了查尔斯之手。1545 年 8 月 26 日，教皇将这些直辖领地交给了他的儿子皮埃·罗吉，虽然查尔斯五世通过外交渠道已经表达得很明确了：他希望看到的是由奥塔维奥和玛格丽特而非皮埃·罗吉统辖这些领地。令人惊讶的是，对此，查尔斯并没有立即作出回应。

正是在这个相当棘手的时刻，也就是 1545 年或 1546 年的冬天，教皇保罗三世委托查尔斯皇帝最喜欢的艺术家为自己及其与查尔斯五世接触最为密切的孙子绘制了这幅肖像作品，毫无疑问，教皇感到此举乃是一个充满了希望的政治转折点。

红衣主教亚历山德罗站在教皇座椅的后面，手里握着椅子靠背上的圆形把手，显然，这种姿势预示了此人在未来的雄雄野心。在拉斐尔绘制的列奥十世及其侄子的肖像画（图 91）中，保罗三世的继任者克莱门特七世的姿势与此画中的亚历山德罗如出一辙。但是，不堪岁月重压的保罗三世却转过头来，看向了他的俗世孙子，即神圣罗马帝国皇帝的女婿奥塔维奥，脸上露出了善意的微笑。他的左手紧紧抓着椅子的扶手。这样，此画便带给观者如下的印象：为了转动僵直的上身，教皇必须付出极大的努力才行。垂垂老矣的他，与站在他身后的笔直挺拔的亚历山德罗形成了鲜明对比，而艺术家的此番处理也可能是教皇继任方案的一个微妙参照。

相反，画中的奥塔维奥正要向教皇鞠躬。这是向教皇致意的正式仪式的一部分。这种仪式的具体表现如下：致意者先鞠上三个躬，然后亲吻教皇的足部以示完全臣服。在此画中，提香也仔细刻画了保罗三世的鞋子，其上绣有一个金色十字架，显然，此举预示了奥塔维奥的下一个动作。拜访教皇的每一个人，即便是神职人员，也都有义务按照这种方式向教皇鞠躬。但是，只有奥塔维奥的姿势如此，而亚历山德罗（可能立志成为下一任教皇）则笔直地站在他的祖父身后。只有神圣罗马帝国皇帝的自己人才需要表达这种仪式性的问候：这幅画的每一个方面都暗示了查尔斯五世的谦恭乃至顺从的态度。虽然只能作出些许推测，但我们仍然难以想象，除了神圣罗马帝国的皇帝及其在

图 90（对页）《不戴帽子的教皇保罗三世肖像》，1543 年
布面油画，106厘米×85厘米
卡波迪蒙蒂国家博物馆，那不勒斯

1543 年，提香在博洛尼亚创作的这幅画是他为保罗三世绘制的第一件肖像作品。保罗三世可谓文艺复兴时期众多教皇的代表人物，他激起了新教徒的暴露，继而引发了宗教改革。既不正派亦不贫弱的他充分利用了教皇特有的政治和经济权力，充当哈布斯堡王朝和法国之间的第三方势力。但是，出于政治而非宗教的原因，他意识到了重建天主教会的必要。1545 年，他召集各方代表，召开了著名的特伦托会议，这次会议在引入教会改革的过程中起到了决定性的作用。

图 91（右图）拉斐尔
《列奥十世与两位红衣主教的肖像》，1518/1519年
布面油画，154厘米×147厘米
乌菲齐美术馆，佛罗伦萨

教皇列奥十世（1475—1521 年），这位极力支持保罗三世上位的人，也是与他的两个亲戚，即侄子朱利奥·德·美第奇和罗吉·德·罗西，一同出现在了画面中。朱利奥后来成为了教皇克莱门特七世。当保罗三世决意让艺术家将自己的形象与两个年轻的后生绘在一起时，此画便很明显地具有了政治上的隐喻。可是，就画面的构图而言，提香极少受到拉斐尔的影响。他找到了自己的微妙方式，来表现保罗三世的政治主张。

罗马的代表之外，还有谁会在这里无事献殷勤。

在这幅肖像画中，艺术家以一种极不寻常的方式，赤裸裸地展现了教皇对权力的诉求及其对家族权势持续增长的殷切希望。同往常一样，提香表现这些方面的手法显得极其娴熟巧妙。学术界通常认为，提香在这件作品中有意不露声色地对教皇的生活方式予以了批评，但这种观点显然是不可能成立的。虽然马丁·路德将教皇保罗三世称作一头伊壁鸠鲁学派的大母猪（享乐主义）或大恶魔，将教会的财产挪为己用，为自己和后继者谋求利益，但我们切不可武断地认为提香也持有同样的看法。作为一个意大利人，他很可能会认为教皇的这些作为完全是正常的。而且，当时为了给他的儿子波姆波尼奥谋取一个修道士的身份，提香自己也在盛情邀请下来到了罗马，并在那里待了一段时间。

教皇认为自己能够不费吹灰之力地压倒神圣罗马帝国的皇帝，这种自信后来被证明是教皇的一厢情愿。当提香开始创作这幅画的时候，查尔斯五世似乎还不打算发作。但 1546 年 3 月，米兰的最高统治者瓦斯托公爵去世，形势就此急转直下。查尔斯五世选择的继任者并非奥塔维奥，而是费兰特·贡萨加，可能这一点也不符合教皇的心中所想。此举明确表露了查尔斯想要将帕尔马和皮亚琴察公国的统治权从法尔内塞家族手中收回的意图。不久之后，皮埃·罗吉·法尔内塞被谋杀，而皮亚琴察随即重新被帝国军队占领。现在，保罗三世不得不寄希望于法国方面的支持，因为他曾安排他的第四个侄子奥拉齐奥与法国王位继承人的亲生女儿缔结了婚姻，此举正是为了防止自己打出的皇室牌没有取得理想的效果。虽然奥塔维奥还能为法尔内塞家族保住帕尔马，但提香创作的意欲彰显教皇的崇高威望的图像已然不再服务于任何目的。还未完成的它至此消失在了法尔内塞家族的宫殿中。

图 92《总督安德里亚·格里蒂的肖像》，约 1545 年
布面油画，133厘米×103厘米
国家艺术馆，克雷斯收藏，华盛顿

大块红色与金色的协调一致，以及从左下角的锦缎长袍披肩向上狂扫的笔触——强有力的线条止于总督的帽子顶端——都令此画不经意间显露了一种权势和荣誉的感觉。总督的严厉目光——表明他的力量和决心——进一步加深了这种印象。出于风格与形式的判断［对比《不戴帽子的教皇保罗三世肖像》（图 90）一画中的色彩运用］，如今学界普遍认为，这幅肖像作品的创作时间为1545 年，比格里蒂去世的时间（1538 年）要晚许多。

在阿雷蒂诺的肖像中，提香使用宽大的笔触，突出表现了人物身穿的红色衣服。除了面部之外，这幅画的其他地方似乎都是寥寥几笔仓促之间完成的。一点儿也不让人吃惊的是，在一封写给科西莫·德·美第奇（阿雷蒂诺将此画给了他）的信中，阿雷蒂诺评论道，如果之前打算付更多钱的话，自己的肖像就会远比现在清晰了。这番言语所表达的并不仅仅是一名客户的不满，与其相应的还有来自威尼斯艺术理论界的批评之声。16 世纪 30 年代，阿雷蒂诺曾赞扬了提香，认为作为一名艺术家，提香所描绘的现实要远比真实的世界出色。阿雷蒂诺看向窗外，目光所及之处尽是落日晚霞的余晖，笼罩着大运河，极其妩媚动人，正是在这种绚丽的景色中，他才喃喃地评论道，只有提香才有能力捕捉此刻的色彩之美。从 16 世纪 40 年代开始，提香对色彩的使用显得愈加自由。虽然这种风格变化对提香自己而言非常重要，但从一开始就不受阿雷蒂诺等人的待见。

1547/1548 年冬，提香接受查尔斯五世的

图 93《彼得罗·阿雷蒂诺肖像》，1545 年
布面油画，96.7厘米×77.6厘米
碧提宫，帕拉蒂纳画廊，佛罗伦萨

提香运用迅疾的笔触，为他的朋友彼得罗·阿雷蒂诺创作了这幅肖像画。具体而言，他使用了一种略显粉红的黄色，用以加亮长袍的颜色，由此给观者留下了这样一种印象：画中的长袍似乎是用大量价值连城的丝绸制成的。提香所画人物的脸部只露出了 3/4 的面积，因此在华丽的服饰与半边照亮的面部之间形成了一种有趣的对比。阿雷蒂诺对此画未完成的面相尤为不满，这也清楚明白地体现了提香用色的极端自由，而这在当时是颇为新奇的事物。

邀请，前往奥格斯堡参加神圣罗马帝国的三政会。1547 年，查尔斯在米赫尔贝格战胜了新教联盟，紧接着，他便召集两方势力的重要代表前往奥格斯堡举行会谈。历尽千辛万苦、长途跋涉翻过了白雪皑皑的阿尔卑斯山，将近 60 岁高龄的提香最终来到了德国。但不幸的是，他随即便被淹没在了无数的委托创作中。在德国，他绘制了无数肖像画，其中最为重要的便是这幅《在米赫尔贝格的皇帝查尔斯五世的肖像》（图 95）。通过创作这件作品，提香在欧洲绘画史上树立了一种全新的肖像画类型，这种样式与骑马雕像有些类似，但具有更加强烈的运动感。蓄势加速的战马、皇帝手持的长矛，以及位于画面右侧的开阔风景，都赋予了这幅画一种极强的动态与活力。这番勇猛向前的势头与皇帝查尔斯其人完全一致。作为一种姿势，它完美地表现了此人就是一个权威而强势的人，他对胜利充满了自信。在提香笔下，即便是查尔斯五世的畸形下巴——他的下颚要比上颚更显突出——也象征了其人的坚强决心。华丽的铠甲和闪闪发光的马具标志着提香回到了

图 94（上图）《圣灵降临人世》，约 1545 年
布面油画，570厘米×260厘米
安康圣母大教堂，威尼斯

在圣灵降临节这天，众使徒和圣洁的妇女以富有深意的姿势迎接圣灵的到来。从圣鸽身上透出的近乎实质的光芒照亮了整个房间。在 1541 年的时候，提香已经为圣灵大教堂的主祭坛创作了一幅表现圣灵降临节的画。但是，那幅画遭到了僧侣和教士的拒绝。1545 年，当着威尼斯权威人士的面，针对此画的争议得到了完满解决。

图 95（对页）《在米赫尔贝格的皇帝查尔斯五世的肖像》，1548 年
布面油画，332厘米×279厘米
普拉多国家博物馆，马德里

1547 年 4 月 24 日，神圣罗马帝国皇帝查尔斯五世在米赫尔贝格战役中战胜了新教势力。此画便是为了纪念这次战争的胜利而创作的。在 16、17 世纪的许多宗教战争中，出现在画面前景中的大片红色——包括清晰可见的查尔斯所戴头盔的装饰、他的肩带和马匹的点缀——都是天主教势力的代表性颜色。

MDXLVIII

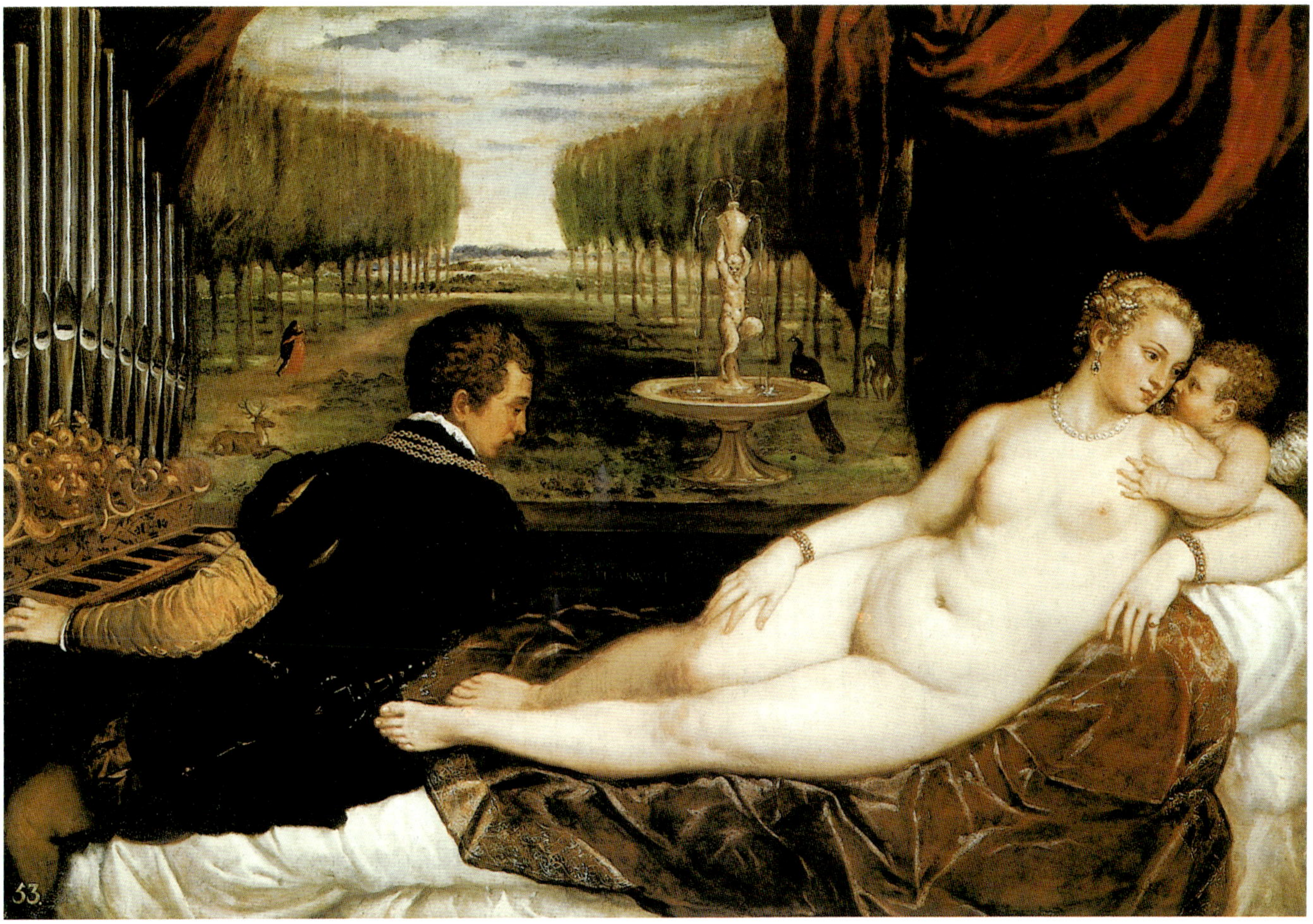

图97（上图）《维纳斯、丘比特与风琴弹奏者》，约1548年
布面油画，148厘米×217厘米
普拉多国家博物馆，马德里

在16世纪四五十年代，针对这个主题，艺术家已经绘制了无数个版本。所有这些作品都以提香为神圣罗马帝国皇帝查尔斯五世创作的一幅绘画为原型，这幅作为原型的画开始创作于1545年，并最终完成于1548年的奥格斯堡。某些学者认为，此画是提香带到奥格斯堡的作品。但是，鉴于此画已经得到了无数艺术家的重绘，存在多个版本，因此，至于此画是否为提香的原创，人们经常会提出一些质疑。

图96（对页）《坐着的查尔斯五世肖像》，1548年
布面油画，205厘米×122厘米
巴伐利亚国家绘画博物馆，老绘画陈列馆，慕尼黑

与图95一样，这幅肖像画也是绘于1548年神圣罗马帝国于奥格斯堡举行的三政会期间。但是，学界普遍认为，提香并非单独一人创作了这件作品。经过透视短缩处理的椅子明显给人一种不协调的感觉；红色的地毯则形成了一个孤立的色彩反差，这在提香的作品中显得极不寻常。但也有些许地方显露了画家的高超技艺。其中，最重要的是，人物的面部描绘完美地诠释了观察的细微力量。查尔斯五世下巴较低的畸形面相被巧妙地隐藏了。在提香为统治者创作的肖像作品中，此画所具有的私人风格显得极不寻常，因为它没有表现帝王的虚假和做作。

早年的现实主义传统。相反，画面的风景却由一片片广阔的色域构成。

在回到威尼斯后，提香为哈布斯堡王朝绘制了许多其他作品，根据委托合同的规定，其中大部分作品都应该在奥格斯堡完成。为威尼斯圣乔瓦尼·埃莱摩西纳里奥教堂绘制的祭坛画，也是在此期间完成的，此画表现的是这座教堂的保护圣徒《施舍者圣约翰》（图102）。在1990年的提香绘画大展上，艺术史家弗朗切斯科·瓦尔卡诺韦尔曾就此画和提香为匈牙利的皇后玛利亚——查尔斯五世的妹妹——创作的另外两幅画写过一篇评论。他宣称，在这些画作中，提香将威尼斯艺术理论家一直以来所主张的东西变成了现实，并就此与佛罗伦萨人产生了激烈的辩论——他们认为，色彩要优于素描，而绘画要优于雕塑，因此威尼斯要强于罗马。

在此期间，提香为这位皇帝创作的另外一幅肖像画（图96）仍然让研究者迷惑不解。我们完全可以确定的是，这幅画并非由提香一个人单独完成。但是，个别画面区域完成的质量如此之高，以至于除了伟大的提香之外，我们几乎不能将它们的创作归在任何其他画家名下。长时间以来，学界一致认为兰伯特·苏斯特里斯（？—1565年之后）是绘制这幅肖像画的第二个艺术家，他根据提香创作的设计稿完成了此画的绘制。这位荷兰画家工作于帕多瓦和威尼斯，并与提香保持了密切的联系，正如他的作品所表明的那般。众所周知，由于苏斯特里斯当时也在奥格斯堡，学界自然而然地就认为，他是作为提香的同仁与后者一道前往德国的。由于在1993年出版的一本关于苏斯特里斯的专著中，文森佐·曼西尼发现了一则重要的原始资料，表明苏斯特里斯是自己前来奥格斯堡的，完全与提香没有任何关系，这种观点似乎也是有可能的。因此，将慕尼黑的这幅肖像画的部分创作归在苏斯特里斯名下，还有待历史的再次检验。

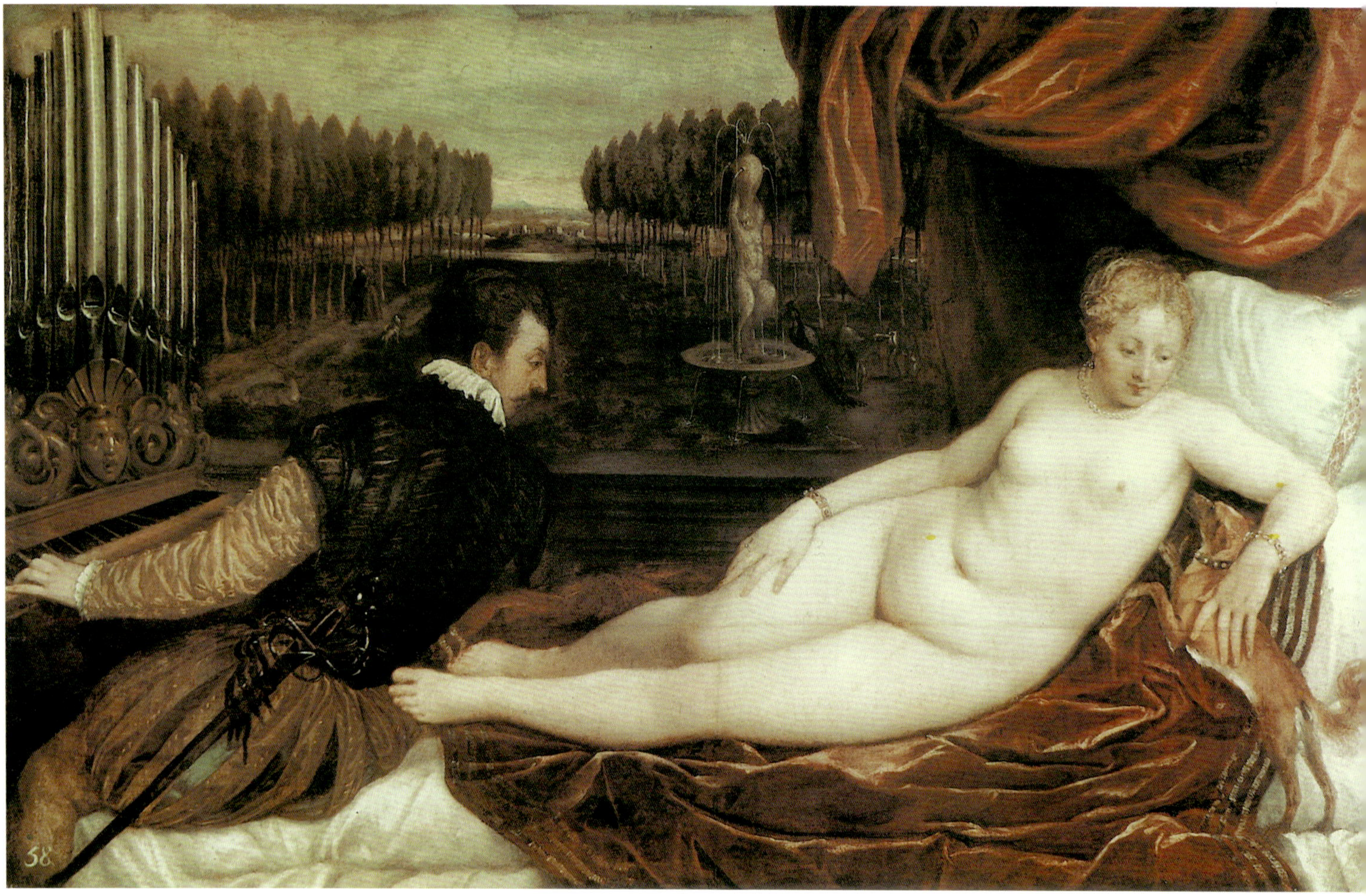

图 98（上图）《维纳斯、风琴弹奏者与一条小狗》，约 1550 年
布面油画，136厘米×220厘米
普拉多国家博物馆，马德里

在 16 世纪 50 年代，提香为查尔斯五世创作的此类绘画存在众多版本。大部分客户都来自这位皇帝自己的直系亲属圈。此画是提香的工作室创作的一件复制品。虽然在某些方面，它确实反映出了提香绘画的某些风格或元素，比如材料光感的表现以及光线照在珍珠项链上的处理，但年轻男子的头部和维纳斯的形象就明显属于虎头蛇尾的蛇尾部分，品质较为低劣。

图 99（左图）《维纳斯、丘比特与风琴弹奏者》（《菲利普二世》），约 1548—1549 年
布面油画，115厘米×210厘米
德国柏林国立普鲁士文化遗产图书馆，柏林

这是“维纳斯与丘比特”主题的另外一个原创版本，表现的是年轻的菲利普二世弹奏风琴的场景。这些表现维纳斯的绘画并非基于任何神话性的主题。有人认为，将一名裸体女子同一个当代人的形象特别地结合起来，一个可能的解释便是，此画表达的是一则有关感觉的寓言。裸露的皮肤、美丽的风景，以及风琴的声音可能象征了六类感官之中的三种，即触觉、视觉和听觉。

图 100《维纳斯与丘比特》，约 1550 年
布面油画，139厘米×195厘米
乌菲齐美术馆，佛罗伦萨

此画是广受欢迎的“维纳斯与丘比特”主题的另一个版本，其中，大部分画面可能是由提香的工作室创作的。

图 101《维纳斯与丘比特》（图 100 局部），约 1550 年

精致描绘的花瓶明显体现了这件出自工作室创作的画作具有较高的品质。

图 102《施舍者圣约翰》，1545—1550 年
布面油画，229厘米×156厘米
圣乔瓦尼·埃莱摩西纳里奥教堂，威尼斯

这件作品是提香为威尼斯圣乔瓦尼·埃莱摩西纳里奥教堂创作的一幅主祭坛画。它表现了作为一名施舍者的圣人约翰的形象。祭坛的框架标有此画的创作日期 1533 年，而且存在各种不同的文献材料暗指此画的创作年代应该更早。但是，出于形式和风格的判断，自 20 世纪 30 年代以来，学界就对此画的具体创作年代充满了争议。如今，学界普遍认为，这幅画是在 1545 年之后创作的，具体的时间可能是在 1550 年左右。部分画面——比如圣人的白色法衣，在这里，艺术家用宽阔的笔触，以不同的白色阴影绘出了这种精美质料的颜色与运动——是 16 世纪 50 年代初提香绘画风格的典型特点。

图 103（上图）《亚当与夏娃》，约 1550 年
布面油画，240厘米×186厘米
普拉多国家博物馆，马德里

蓝色、暗绿色与杂乱无序的红色三者之间的结合，令此画显得尤为迷人。画面的背景消融在了不确定的形式中。因此，看起来这幅画似乎只由一个前景构成。在这里，通过巧妙的重叠和相互联系的方式，所有的绘画元素都彼此关联起来。当夏娃用她的左手摘取苹果时，亚当的左手放于她的右肩，正好在她的美丽而饱满的胸脯之上，这种姿势具有相当大的魅力，引起了无限的美感。

图 104（对页）《自画像》，约 1550—1562 年
布面油画，96厘米×75厘米
德国柏林国立普鲁士文化遗产图书馆，柏林

至于此画的创作时间，学界的说法不一，看法各异，从 16 世纪 50 年代初到 60 年代不等。提香将大量的白色颜料予以厚涂，间断性地占据了相当大的画面，这种表现方式让我们想起了他在 1560 年左右的绘画风格，但那时，这幅画还没有完成。关于画中人物的左手放在哪里，只有一种看法。有趣的是，提香忽略了任何能够影射被画者的身份或职业的指示性符号。唯一的相关暗示就是那串象征骑士身份的金色项链。

提香的晚年创作——色彩的动力学

图 105《荣光中的圣三位一体》，约 1552—1554 年
布面油画，346厘米×240厘米
普拉多国家博物馆，马德里

神圣罗马帝国皇帝查尔斯五世在自己起草的一封遗嘱的附录中提到了这幅画。在这封遗嘱中，他命令继任者建造一座足以盛放此画的祭坛，就像米开朗基罗的《最后的审判》一样。此画描绘了查尔斯五世及其家族成员，以及《圣经》中崇拜圣三位一体的天使和各色人物。查尔斯五世、他的妻子葡萄牙的伊莎贝拉和他们的儿子菲利普二世出现在了画面的右侧，他们穿着白色的寿衣，众多天使环绕周围。

16 世纪 50 年代初，在其土生土长的城市，提香面临着两位年轻艺术家的冲击，即雅各布·丁托列托（1518—1594 年）和保罗·委罗内塞（约 1528—1588 年）。他们的艺术生涯开始于 16 世纪 40 年代末，发展势头非常迅猛。但是，无论民间的艺术传说如何夸张，提香是不可能与他们展开直接竞争的。他们的赞助人的地位及身份显然有所不同，而提香作为欧洲最重要的艺术家，其地位太过牢固。而且，有证据表明提香对丁托列托的评价并不高，甚至认为，以他的成就不足以成为一名艺术家。

整个 16 世纪五六十年代，提香一直都在为哈布斯堡王朝的皇帝效力，最初的服务对象是查尔斯五世，随后变成了此人的儿子——西班牙王位继承人菲利普二世。虽然西班牙的赞助人——靠抢劫南美洲的金银珠宝致富——给艺术家支付酬劳的时间并不是特别规律，有时甚至根本没有，但相比较于吝啬的威尼斯商人，西班牙国王就显得慷慨多了，因为后者支付给提香的薪资要比前者多得多。我们知道，丁托列托当时获得了威尼斯的大多数创作委托，但他创作的许多作品都是按照成本价出售，或者最多仅能获得少量的利润。另一方面，提香接受的创作委托不仅数量庞大，而且来自全欧洲各地。但是，如果我们根据这个事实，即提香现在为家乡绘制的作品越来越少了，便得出如下结论：威尼斯对他的兴趣已经不像以前那般强烈了，那我们就大错特错了。相反，这个事实进一步证明，提香在很久之前就不再纯粹是一名威尼斯艺术家了。他已经成了欧洲绘画的王者，不仅当时如此，对后世而言，提香的盛名也足以载入史册。

1550—1565 年间，提香创作了两幅令人印象深刻的自画像，其中一幅被保存了下来（图 104）。虽然有些艺术史家认为，提香早在 1550 年便绘制了这件作品，但此画的创作时间一般要往后推至 1560/1562 年左右。不同的作者试图从这幅肖像画中探知提香在 16 世纪 50 年代以及 60 年代初的心理状况，因为这段时间他遭受了一系列不幸的变故。1556 年，彼得罗·阿雷蒂诺逝世，对提香而言，他不仅失去了一位亲密的好友，也失去了一名重要的艺术顾问。1559 年，他的兄弟弗朗西斯科去世，此人曾是提香最为重要的助手之一。紧接着在 1561 年，他的女儿拉维尼亚也与世长辞。虽然如此，如果我们过多地根据这幅表现年老艺术家的肖像，来推测提香的自我命运，仍是不合适的，因为即便是自画像，提香也只会在其中表现其性格的某些方面，而非全部。他将自己描绘成了一个年纪较大但颇有威势的男人，我们之所以会产生这样的印象，大体上源自如下事实：提香的身体将整幅画的横截面都占满了。在画面的最右侧，他的身体甚至被画的边缘无情地切割了。此番艺术处理给观者留下了这样的印象：被画者的强势个性似乎就要冲出画面了。与此同时，周围的绘画空间似乎在不断地往外发展，超出了画面的边界。很显然，提香创作此画的目的就是要向世人呈现一个栩栩如生且个性强势的自我形象，这一点从他将自己的头部转向右边的动作中得到了证实。

通过表现一件宽松的无袖毛皮大衣，提香有效突出了形式的体积。人物的双手所处的位置极其稳固，其中，力量的感觉凸显无疑，虽然左手并没有被赋予完全的真实感。起初，搁在一张小桌子上的右手只是被大略地描绘了出来。但是，他对形态完美的纤细手指的强调，表明这只手必定被认为是出于几近完成的状态。不只是双手，相比较于提香不久之前绘制的肖像画，人物的衣饰甚至也消融成了几块色域，这一特点在此处表现得尤其明显。但现在，色泽明亮的细节也变得越来越少，因而，绘画的表面也就显得愈加简洁了。虽然华丽的毛皮大衣和象征骑士身份的金色项链，间接表明了他的成功事业和突出的社会地位，但他的绘画技巧及其对色彩的使用却削弱了这些侧重点。在提香笔下，这些价值连城的衣饰材料丝毫没有表现出丝滑入水的触感，因而此画也就带给我们一种自豪但又适度谦虚的印象，而压抑的色彩又加重了这一印象。只有色泽明亮的头部——偏向右侧，露出 3/4 的轮廓，才被描绘得更为精致。在人物的双眼中，明亮的反射映像

图 106《你们看这个人！》（彼拉多将戴荆冕的耶稣交给犹太人示众时说的话），1548 年
石板油画，68厘米×53厘米
普拉多国家博物馆，马德里

根据一份写于 1556 年的财产目录的记载，神圣罗马帝国皇帝查尔斯五世随身将一幅画在石头上的基督图像带到了西班牙的修道院，这座修道院正是其退位后的隐休之所。此画可能是提香创作的唯一已知的这种类型或风格的作品。

图 107《圣母怜子》，1553/1554 年
大理石油画，68厘米×53厘米
普拉多国家博物馆，马德里

表现悲恸的圣母形象的绘画是广受欢迎的祷告性质的图像。圣母所遭受的痛苦有助于信徒理解这则信条：“基督为了人类的罪行而奉献了自己的生命。”这幅《圣母怜子》创作于 1553 年或 1554 年，与其对应的是 1548 年提香为查尔斯五世绘制的《你们看这个人！》（图 106）一画。

图 108《圣母怜子》，约 1555 年
木板油画，68厘米×61厘米
普拉多国家博物馆，马德里

在 16 世纪 50 年代，就这个主题，提香和他的工作室创作了多个版本的绘画，此画是其中的一幅。由于蓝色长袍、粉色衣饰和金黄色面纱的色彩处理显得尤为精致，所以此画给人留下了非常深刻的印象。财产目录清单告知我们，除了《你们看这个人！》（图 106）这幅画之外，查尔斯五世还随身将一幅表现圣母形象的木板油画带到了西班牙的修道院。有些学者认为，这是一件存疑的作品。

赋予了此人一幅深思熟虑但又警觉的表情。此人与观者的直接接触是通过他看向右侧的动作实现的。在提香的肖像画中，这种处理手法是艺术家独有的避免任何挑衅的方式。与此同时，由于目光偏离了观者，画中的提香看似超然离群。这可能也就解释了为什么一些艺术史家会根据他的这幅自画像，推断提香在诸多至亲及好友去世后过上了一种更加孤僻的生活。

1550 年末，提香再次受邀前往奥格斯堡参加神圣罗马帝国的三政会。同样，他再次接受了为查尔斯五世和菲利普二世绘制大量肖像画的创作委托。关于查尔斯五世（他在召见亲王的会议上宣布自己即将退位，往后不再参与帝国的决策，最终于 1558 年去世），在此人弥留之际，提香为他创作的主要是一些宗教性绘画。其中大部分（图 105—图 108）跟随查尔斯五世到了西班牙，被存放在了圣杰罗姆修道院。因为在 1556 年，查尔斯才撤回了他对西班牙的统治权。在这处查尔斯指定的偏僻的隐居之所，除了存放用以祷告的画像之外，还有这幅大型祭坛画《荣光中的圣三位一体》（图 105），此画描绘的是，在末日审判这天，皇室家族成员在圣三位一体的见证下复活的场景。这件作品可能是查尔斯五世在 1551 年神圣罗马帝国三政会期间委托提香创作的。从提香以及西班牙驻威尼斯大使写给查尔斯五世的信中，我们得知，最晚到 1553 年，他仍在创作此画。1554 年，这幅作品经海路被运往布鲁塞尔，并在那里被送至西班牙。在他的遗嘱中，查尔斯五世要求他的子孙后代根据这幅画建造一座适当的祭坛。

图 109《穿铠甲的菲利普二世肖像》，约 1550—1551 年
布面油画，193厘米×111厘米
普拉多国家博物馆，马德里

菲利普二世（1527—1598 年）是查尔斯五世与葡萄牙的伊莎贝拉的独子。1551 年，根据神圣罗马帝国在奥格斯堡举行的三政会的决议，他被任命为西班牙的摄政王。在其父亲退位之后，菲利普二世便被加冕为西班牙的国王。提香描绘的是王子时期的菲利普二世，当时，他大概也就 24 岁，穿着一套装饰繁复的华丽铠甲。白色的皮肤与白色的长袜以及盔甲上的金绿色光泽形成了一致的呼应。通过此种方式，这位王子的苍白面色显得更加突出了。

图 110《菲利普二世肖像》，约 1554 年
布面油画，185厘米×103厘米
碧提宫，帕拉蒂纳画廊，佛罗伦萨

此画的大部分创作必定出自提香工作室中的一个极为能干的成员之手。对比图 109，此画中的菲利普二世的外形显得更为英俊。较之提香自己绘制的藏于普拉多国家博物馆的《穿铠甲的菲利普二世肖像》（图 109），此画的整体创作方法更加注重细节的表现。因此，学界认为，这幅肖像作品是一名来自阿尔卑斯山以北地区的助手绘制的。菲利普二世可能更为满意这个版本的绘画，因为他曾向他的姨妈匈牙利皇后玛利亚抱怨，自己穿着铠甲的肖像完成得不够精确。

至于菲利普二世其人，提香也为他绘制了几幅肖像（图 109、图 110），同时亦创作了一些表现神话场景及寓言的画作，饱含强烈的色情意味。在写给菲利普的信中，提香用“诗”和“故事”来描述这些作品，这两个术语的含义非常模糊，大致可以分别译为“诗意的创造”和“寓言故事”。用“诗”这个词来形容绘画，触及了文艺复兴时期艺术的一个重要概念，即所谓的“诗如画”。这个表达式出自一首关于诗歌艺术的诗篇，作者为拉丁诗人贺拉斯（公元前 65—公元前 8 年），它是将绘画与文学视作等同的基础，也是这两种艺术门类之间展开竞争（鼓励了绘画理论研究）的基础。这个主题，即关于这两种艺术形式（诗歌与绘画）哪一个能够更为恰当地表现一个题材的问题，在无数的论文中都有过探讨，包括卢德维柯·多尔齐的《论绘画》。早在 1969 年，德国艺术史家哈拉尔德·凯勒就注意到了这样一个事实：提香并不是唯一使用“诗”这个词来描述非宗教性绘画的威尼斯人。因而，我们可以假设，“诗”是一个以文学作品为基础、用来形容非宗教性绘画主题的专门术语。

整个 16 世纪 50 年代，提香为菲利普二世创作了为数众多的画作，其中有四幅是专为装饰同一个房间而绘制的。1554 年夏，提香给菲利普二世写了一封信，从中，我们得知了上述信息。在信中，他不仅提到了两件已经完成的作品，即《丹娜伊与女仆》（图 111）和《维纳斯与阿多尼斯》（图 112），还附带提及了另外两幅画，即《帕尔修斯与安德洛墨达》和《伊阿宋和美狄亚》，这两件作品的使命也是为了装饰同一个房间。在这个创作委托中，提香面临着一个艰巨的任务，他在以前的创作中，即在其艺术生涯的初始阶段为阿方索·德·埃斯特的条纹大理石馆绘制壁画，也遇见过类似的情况。但现在，提香已经不是众多艺术家中的一个无名小卒了，他是接受委托完成这个创作的唯一艺术家，并对整个艺术方案

图 111《丹娜伊与女仆》，1553—1554 年
布面油画，129厘米×180厘米
普拉多国家博物馆，马德里

第一幅表现“丹娜伊”题材的画（图 88）是提香为亚历山德罗·法尔内塞创作的，但在这幅同样题材的作品中，一名年老色衰的妇人形象取代了影射爱情的丘比特。各种讲述关于丹娜伊的不同故事的古典文本，都有提及这样一个女仆，她与丹娜伊一起被锁在了铁塔中。除此之外，这个女仆还是一个非常实用的对照物：对比这个丑陋的老妪，裸体的丹娜伊的美貌就变得更加突出了。

图 112《维纳斯与阿多尼斯》，1553—1554 年
布面油画，186厘米×207厘米
普拉多国家博物馆，马德里

此画也是提香为菲利普二世绘制的一幅古典神话题材的作品，西班牙国王自己将其描述为“诗歌”。爱神维纳斯爱上了一个英俊的美少年阿多尼斯。但是，维纳斯的爱意并不足以让阿多尼斯停止追寻他最喜欢的狩猎游戏，正是这个喜好导致了阿多尼斯的毁灭，因为在驰骋山林的时候，他被一头野猪咬伤，并最终致死。提香给菲利普二世写了一封极为有趣的信件，其中谈及了此画的处理。他特别提到，他尤其对从画面两侧同时描绘身体的方式感兴趣。

负有全部的责任。无论他是否从菲利普二世或菲利普二世的顾问那里得到了明确的指示，或者无论他自己是否具有自由选择题材的权利，这些都是不确定的。但我们可以肯定的是，提香被给予了充分的自由，来完成他认为合适的个别主题的创作。从这封信中，我们亦可以明确得知，提香主要对艺术形式诸方面感兴趣。他对已经完成的两幅画《丹娜伊与女仆》和《维纳斯与阿多尼斯》的评论，只是为了说明这样一个事实：为了使装饰了这些画的房间看起来更加优美和雅致，他从两边同时进行女人裸体的描绘。在同一封信中，提香宣告了他会在《帕尔修斯与安德洛墨达》（华莱士收藏，伦敦）和《伊阿宋和美狄亚》两幅画中创造更加有趣的人体视图，虽然他是这般计划的，却从未付诸实施。

事实上，在那个年代还不可能具体存在这样一个房间，以供绘画装饰之用。1556 年，菲利普二世加冕成为西班牙国王，在其父退位之际，他还没有一处固定的居所。16 世纪五六十年代期间，马德里和托莱多两地的古堡，以及阿兰胡

埃斯的埃尔帕尔多宫，都经历了修复和翻新的过程。这栋与菲利普二世的名字联系最为密切的建筑，即所谓的埃斯科里亚尔修道院，直到1557年才开始规划方案，而具体的建造工作则要等到1564年才开始进行。16世纪60年代中叶之前，菲利普二世一直住在西班牙贵族的城堡中。在漫长的旅程中，除了王室成员时刻陪伴左右之外，一直伴随着他的就是他自己的全部财产了，其中就包括他收藏的绘画作品。菲利普二世频繁变换居所，这可能不仅解释了为什么提香创作的所有这些画的方案会经常变化，也解释了提香为什么会耗费这么长时间创作这些作品。他从未下笔画过《伊阿宋和美狄亚》，相反，在16世纪60年代初，他却最终完成了《抢劫欧罗巴》（藏于波士顿伊莎贝拉·斯图尔特·加德纳博物馆）的创作。

所有这些绘画在文学上的来源，都出自罗马诗人奥维德（公元前43年—公元前17/18年）所写的《变形记》，这是一本收录神话故事的集子，表现了各种不同的人和神所经历的变化。古往今来，无数学者都试图完全破解所有此类绘画的知识观念，当然，在这些不同的解释中还有一个重要的元素，即这样一个事实：自中世纪以来，针对奥维德收录的神话故事的阐释五花八门，有从道德角度解释的，也有从基督教角度解释的，所有这些阐释都有文本流传下来。最早没有从任何形式的道德角度进行阐释的著作，发表于1553年，作者是提香的朋友卢德维柯·多尔齐。在1985年出版的一本专著中，艺术史家简·纳什将针对提香为菲利普二世绘制的“神话故事”的大多数阐释（通常是相互矛盾的）收录在了一起。许多作出这些解释的学者都强调了一个极为有趣的事实，即菲利普二世是一个严格意义上的天主教信徒，但这一点似乎与这些“神话故事”所体现出来的肉欲性相矛盾。但是，正如纳什和其他学者所表明的那样，提香也有可能赋予了这些绘画以宗教性的含义。整个16世纪，这般开放性的阐释，必然扮演了一个重要角色，同时也有可能间接导致此画得到了高度重视。但是，在提香和卢德维柯·多尔齐两人所作的陈述中，他们并没有丝毫提及上述的任何观点。卢德维柯·多尔齐在一封写于1554年的信中对这些画作出了评论，但他只是提到了提香在人体再现方面所表现出来的娴熟技巧，以及提香对色彩、构图等元素的完美处理——换句话说，多尔齐所谈的纯粹是这幅画的形式方面，并不涉及内在的含义。在提香这段时期创作的一些宗教性画作中，我们也可以看到宗教信仰与世俗肉欲之间的这种关联，比如他对圣抹大拉的玛利亚的表现——他的工作室根据此件作品创作了许多变体画（图114、图115），以及色彩极为丰富的《亚当与夏娃》（图103）。此时，他的工作室绘制绝大部分画面的次数较之以前要频繁得多，除此之外，工作室还会根据某些特别成功的构图，来创作为数众多的变体画，比如各种有关维纳斯（图97—图100）和圣抹大拉的玛利亚，以及《你们看这个人！》（图106）的图像。

16世纪50年代初，提香开始使用更加明亮的颜色。此时，他创作的许多画作都具有一种

图113（左上图）《丹娜伊》，约1552—1553年
布面油画，119厘米×187厘米
埃尔米塔日博物馆，圣彼得堡

这又是工作室根据提香高度成功的系列绘画创作的一幅丹娜伊题材的作品。对比他自己绘制的版本（图111），此作在质量上的差距显露无遗。扭曲的面部形象以及绳索一般的头发，令任何试图将此画中的丹娜伊与藏于马德里的丹娜伊相提并论的行为都显得滑稽无比。

图114（右上图）《圣抹大拉的玛利亚》，1567年
布面油画，128厘米×103厘米
卡波迪蒙蒂国家博物馆，那不勒斯

虽然是宗教主题，但这幅表现抹大拉的玛利亚的画作带有一种强烈的色情意味。画中的抹大拉深深陷入了一种虔诚的忏悔姿势，当向上凝视天空的时候，她的双目留下了清澈的眼泪。与艺术家为弗朗切斯科·玛利亚·德拉·罗维尔绘制的版本（图69）相反，此画中抹大拉的胸部被衣物遮住了，但这种极端吝啬的覆盖更能刺激人的眼球，激发欲望。大多数学者认为，此画是提香于1567年赠给亚历山德罗·法尔内塞的那件作品（图87）。

图115（对页）《忏悔者圣抹大拉的玛利亚》，1565年
布面油画，118厘米×97厘米
埃尔米塔日博物馆，圣彼得堡

这幅现藏圣彼得堡修道院的圣抹大拉的玛利亚画像，被认为是这组作品中最为重要的。在提香去世之前，此画一直被他贴身收藏在自己的宅邸中。1581年，提香的儿子波姆波尼奥将父亲保留下来的全部作品卖给了克里斯托弗若·巴尔巴里戈。1850年，巴尔巴里戈的收藏被转移到了圣彼得堡修道院。由于色彩的描绘非常精致，而且光线的处理也显得相当完美，所以，此画给人留下了特别深刻的印象。从身体的高光部分到衣物投在圣抹大拉胸部上的阴影，提香成功地表现了色彩的微妙变化。

TITIANVS.P.
1046.

图 116《基督上十字架》，约 1555 年
布面油画，214厘米×109厘米
圣器室，埃斯科里亚尔修道院，埃斯科里亚尔

关于此画，最令人印象深刻的就是它的完美色彩和照射在基督身上的柔和光线，以及细致描绘的风景，后者在提香的晚期作品中相当少见。画面背景处的城市废墟，以及山丘的非凡色调，让我们想起了委罗内塞的早期风景画。在空旷的景色前面是一个巨大的十字架，显得离群索居，从而赋予了这件作品一种突出宗教信仰作用的永恒性。此画的主题不仅关乎基督上十字架的那个时刻，而且还涉及了死亡的孤独。

图 117《基督上十字架》，1558 年
布面油画，371厘米×197厘米
圣多米尼克教堂，安科纳

虽然对比藏于埃斯科里亚尔修道院中的那幅同名佳作（图 116），此画的创作时间稍微晚了几年，但已有明确的迹象表明，提香的艺术风格已经发展到了纯粹利用色彩作画的地步。表现哀悼者的场景占据了画面的前景。十字架下方的天空和人物形象全部都是用暗色描绘出来的。蓝色和黑色统治了这幅场景；而白色被用来绘制引人注目的高光。当他几乎全部通过分布光线的方式和宽阔连绵的大笔触表现抱着十字架的圣多米尼克时，提香成功地再现了这位圣徒的形象，其悲伤之情溢于言表。

图 119（上图）《埋葬基督》，1559 年
布面油画，137厘米×175厘米
普拉多国家博物馆，马德里

在画于16世纪20年代的那幅《埋葬基督》（图32）中，空间感扮演了一个非常重要的角色。但在此画中，画面的空间感基本被忽略了。石棺背后人物的位置相当不明确，而圣母玛利亚和站在她身后的约翰两人的形象基本与色彩的堆积毫无差别。在向16世纪60年代的绘画风格发展的过程中，此画代表了一个重要的步骤。因为，在这幅画中，提香仅用色彩就达到了非凡的艺术效果。

图 118（对页）《圣劳伦斯的殉教》，约 1548—1559 年
布面油画，493厘米×277厘米
耶稣会教堂，威尼斯

在这里，提香选择表现的是一个夜晚的场景，如此，圣劳伦斯殉教的火光给人留下了尤为深刻的印象。只有部分建筑透过稀疏的火光隐约可见，而这种表现方式赋予了整幅画面一种极度危险的紧张氛围。

典型的淡金色。提香理想中的女人形象也发生了变化。在艺术生涯的开始阶段，提香更喜欢画柔软、典雅且比例恰当的人体，除了体现出肉体性之外，这种人体的一大特点仍然是纤细和苗条。但此时，他的喜好转向了更为成熟的女人形象，这种形象不仅较之前的人体更加模糊，而且还都是丰乳肥臀的类型。与以前略带红色的头发不同，提香此时描绘的女性形象都长着编织而成的淡金色头发，且用闪闪发光的珍珠加以装饰。当我们将这些作品与委罗内塞描绘的女性形象进行比较之时，两者之间的相似性一目了然。委罗内塞艺术的典型特点也是这种暗淡而无序的柔和色调，与丁托列托不同，他得到了提香的赏识和赞助。

到了16世纪50年代末，提香更加注重探索色彩的奥秘，他对色彩的重视程度超过了其艺术的所有其他方面。刚开始探索的时候，他的绘画的典型特点便是大块的色域，相比较于精确描绘的对象或画面空间的明确界定，色彩的重要性已然完成了超越。直到生命的尽头，提香的绘画都被充满活力的色彩覆盖。诸如《圣劳伦斯的殉教》（图118）、《基督上十字架》（图116、图117）和《圣母领报》（图121、图124）一类的绘画，都以生动的例子说明了这种艺术探索的不同阶段。同样，举个例子，如果将位于埃斯科里亚尔修道院中的这幅《基督上十字架》（图116）与三年后他在安科纳绘制的同名作品（图117）加以比较的话，我们就可以明显看出，提香仍然能够找到不同的方式描绘同一个主题。这种对新式构图和图像创造的不懈探索与追求，令提香从无数艺术家中脱颖而出，不仅仅是那个时代，在后来的漫长岁月里，提香作为一名不懈创新的艺术家仍然显得那般独特。但即便提香留下了不少

图 120（上图）《埋葬基督》，约 1570 年
布面油画，130厘米×168厘米
普拉多国家博物馆，马德里

在他所写的专论提香的著作中，哈罗德·韦西认为，此画的质量远远不及另外两幅《埋葬基督》（图 32、图 119）。位于右侧前景中的那个男人所穿的明显绣有斑点的长袍，破坏了画面构图的平衡，而左侧的人物形象并不足以弥补这点不足，虽然相对而言，他们的数量更多，色彩也更为丰富。随着时间的流逝，色彩的暗化可能已经削弱了此画的艺术效果。但在更早的时候，这些明显不会被认为是色彩的暗化导致了表现力的削弱，因为就目前所知，当时的艺术家根据此画创作了为数众多的摹本和变体作品。

图121 （对页，左图）《圣母领报》，1559—1564年
布面油画，403厘米×235厘米
圣萨尔瓦托教堂，威尼斯

此画的委托创作时间最迟不晚于 1559 年，但可能直到 1564 年才最终完成绘制。圣母玛利亚的闺房景象与早些时候创作的那幅藏于特里维索的《圣母领报》（图 33）中的房间内景大体相似，但鉴于表现这个场景的色彩相当华丽，所以玛利亚的闺房内景已然不再具有以往的重要地位。提香将这些事件构想为一个神圣的幻象，并用一片色彩包裹了一切。尤其值得指出的是，位于画面右下侧的几束鲜花，像火焰一般生机勃勃。它们间接影射了摩西看见的那片燃烧的灌木丛，后者是贞女诞生传说的一个标志。

图 122（对页，右图）《圣母领报》（图 121 局部），1559—1564 年

在某种程度上，天使体表的那种鲜明而柔和的色彩——从华丽的暗金色翅膀，到由桃色阴影构成的皮肤色调以及柔软的彩虹色衣物，其颜色是某种无法确定的粉色阴影、淡蓝、金色和白色——最典型地体现了提香在其艺术生涯的晚期对色彩的使用。

传世之作，他自己的工作室仍然根据某些特别成功的构图创作了为数众多的摹本和变体画，可能在赞助人（客户）的催促下，大师提香才在这些画作中添上了寥寥几笔。

在这幅藏于埃斯科里亚尔修道院的《基督上十字架》（图 116）中，位于十字架后方的是一幅宽阔雄壮的自然风景。在画面中景处，圣女正急匆匆地返回耶路撒冷；而在画面的左侧，远景处的士兵也正在朝这座城市进发。笔直而立的十字架位于画面的前景，它占满了整幅画面，以至于我们只能从仰视的角度进行观看；相反，风景却位于我们的视线下方，以稍微俯视的角度观之。在绘画的底部，一条狭窄的沟壑将观者与十字架底端分隔开来；再往上，十字架的纵轴一直向上延伸，最终占满了整幅画面。如此这般，十字架的形象便在这个画面中完全占据了主导地位。后面的风景看起来就像是一个特别的地方，我们只有在确切的时间点才能看到。但是，它的无限宽阔营造了一种永恒的印象。虽然艺术家对风景和人物的描绘都表现得极为细致，但天空却融化成了一片色彩的海洋，整个画面的上半部分都浸泡在其中，受难的基督的身体也被这片色彩的海洋包围，在这里，提香对色彩的处理极具戏剧性。形式的对比——比如天空的狂暴动势与尸体的静止僵化——反映了戏剧性事件所内含的情感冲突。

相反，这幅藏于安科纳的同名画作（图 117）却表现出了巨大差异，虽然它的创作时间仅仅晚了几年而已。在这里，提香的表现重点并非基督的悲惨离世，而是圣母玛利亚、圣约翰以及圣多米尼克的沉重悲痛。这幅画从创作之初便注定具有永恒性，但这种品质并非通过风景的描绘而获得，因为我们几乎看不到被人物主体遮挡的自然景色，而是来源于如下事实：此画描绘的是一个生活在 12 世纪末 13 世纪初的圣人，他位于十字架的下方，身旁站着圣母玛利亚和施洗者约翰。此刻，所有自然主义叙事的形式都消失不见了，仅仅凭借光与色的使用就决定了此画的艺术效果及其产生的深刻影响。这两幅《基督上十字架》之间对比最为强烈的一点，便是提香对天空的处理。提香如此避免过度的细节表现，以至于基督和圣母的面容都被黑暗笼罩，因而也就显得模糊

图 123（上图）《圣母领报的天使》，约 1559 年
用炭笔和白色粉笔在纸上描绘，42.2厘米×27.9厘米
乌菲齐美术馆，素描和版画收藏室，佛罗伦萨

这幅素描应该是提香为创作藏于圣萨尔瓦托教堂的那幅《圣母领报》而事先画的一张习作，虽然手臂的位置有所不同。在这幅习作中，提香已经成功营造了处在光影交织之中的色彩的温和演变，在最终的成品中，光线与阴影将会消融，共同创造一种活力鲜明的色彩效果。

图 124（对页）《圣母领报》，约 1557 年
布面油画，280厘米×210厘米
圣多米尼克教堂，那不勒斯

在这幅画中，“圣母领报”的奇迹也被构想成了一个幻象。但色彩的使用以及人物形象的构思远远不及藏于威尼斯的那幅同名佳作（图 121）。

图 125《狄安娜与卡利斯托》，1556—1559 年
布面油画，188厘米×206厘米
苏格兰国家美术馆（租借自萨瑟兰郡公爵），爱丁堡

罗马神话中的众神之王朱庇特让宁芙女神卡利斯托有了身孕，卡利斯托是贞洁的狩猎女神狄安娜的一名随从，因而也是纯洁的象征。当她们一起沐浴的时候，狄安娜发现卡利斯托怀有身孕，并因此拒绝接受她。此画遭到了严重的损毁。但是，淡紫色天空与绿色植被的鲜明对比，确保了此画的颜色依然一如既往地迷人。

不清。玛利亚和多米尼克的形象所占的空间很小。圣母身披一件蓝色的斗篷，其轮廓完全包裹住了她的形象。除了斗篷的蓝色之外，玛利亚身穿的其他衣服都是红色的，但这两种颜色并没有形成鲜明的对比，因为这种深红看起来就像是蓝色斗篷所投下的另一道阴影。圣多米尼克从后面抱住了十字架底部。因此，我们只能部分看见他的形象，而且，在鲜明的黑白对比色的映衬下，多米尼克的形象显得更为支离破碎。其衣服的闪亮白色形成了一条曲线，开始于画面的左下方，即十字架的旁边，接着绕过十字架延伸至画面右侧，然后向上攀升，一直到苍白的双手那里为止，其扭曲的形状甚似一片环绕十字架的树叶。

目光低垂的圣母玛利亚紧紧裹着宽大的斗篷。只有另外的一些面貌特征打破了其面容的忧郁主色调，比如哭肿的红色眼睛，以及向外侧交叉、典型刻画了内心感受的双手。以圣多米尼克为例，他的绝望是通过衣服的白色线条的运动传

达出来的。由于多尼米克身穿的白色衣服环绕了十字架的主干，这种处理便构成了一种图像的隐喻，暗示了这位圣人独特的隐修生涯。

从16世纪50年代末开始，提香为西班牙国王菲利普二世绘制的以神话故事为题材的作品，比如《狄安娜与阿克特翁》（图126）和《狄安娜与卡利斯托》（图125），都体现出了光线明亮的典型特点，有时，不同的色彩阴影也交织在这些作品中，效果之强令人无比震惊。这些为菲利普二世创作的表现女神狄安娜的画，都超出了基于奥维德《变形记》的神话故事场景的表现范畴。鲜明的色彩明显将它们与这个系列的前两幅画，即《丹娜伊与女仆》（图111）和《维纳斯与阿多尼斯》（图112）区别了开来。但即便在表现狄安娜的画作中，艺术家对裸体人物的描绘也具有如下典型特点，即人物的姿势各不相同，而且我们可以从各个角度进行观看。这仍然是提香构图的一个重要方面。甚至，在这件作品中，他并没有

图126《狄安娜与阿克特翁》，1556—1559年
布面油画，188厘米×206厘米
苏格兰国家美术馆（租借自萨瑟兰郡公爵），爱丁堡

年轻的猎人阿克特翁无意中碰见了狩猎女神狄安娜及其宁芙女神裸体沐浴的情境。由于他看见狄安娜的时候，这名狩猎女神正好赤裸着身体，所以阿克特翁被狄安娜变成了一头牡鹿，并最终被自己的狗群咬死，因为它们没能认出自己的主人。此画因其丰富且与众不同的色彩而深具迷人的魅力。它并没有避免使用高亮的色彩，比如阿克特翁所穿的向下卷起的长靴就是亮红的颜色。

TIZIANO VECELLIO
MARIA MIT DEM KINDE

忠实于狄安娜形象的文学来源，反而更加强调自己的创造。根据奥维德对此系列场景的描述，阿克特翁在森林中发现了狄安娜，很快，仙女们便将裸体的狄安娜围了起来，如此，阿克特翁就只能看见女神的上半身了。但在提香创作的《狄安娜与阿克特翁》（图126）中，仙女们并没有立即围成一个圈子，将狄安娜拥在中间。相反，裸体的狄安娜正对着观者，一览无余，她和她的仙女们正在摆弄各种姿势，丝毫没有注意到阿克特翁的无意闯入。这个场景可能描绘的是阿克特翁初见裸体的入浴者的那一瞬间，但画面看起来并不像是仙女们即将惊跳而起围在她们的主人身前，遮挡入侵者的视线。根据奥维德的记载，突然出现的入侵者阿克特翁让仙女们呆若木鸡，但提香并没有过度表现她们所受的惊吓。这些受惊的入浴者的反应着实大为不同，各有千秋，从完全缺乏兴趣，比如那个为狄安娜擦干右腿的仙女，到充满了好奇之心，比如那个躲在柱子后面的仙女。

《丹娜伊与女仆》（图111）的柔和色调已然让位给了强烈的对比色。色调偏暗的翠绿旁边是浓烈明亮的红色和蓝色，也包括精致的紫色、天蓝、粉红和金黄色调。同样，这幅多年之后创作的《维纳斯将丘比特的眼睛蒙起来》（图128）也体现了与众不同的色彩构成，颜色的强烈对比是其典型特点。但是，在《维纳斯将丘比特的眼睛蒙起来》这幅画中，隐约闪现红色、橙色和桃色阴影的天空，与前景的颜色非常相似，营造了一种更为谐和一致的艺术效果，这种效果也体现在了表现狄安娜的绘画中，后者具有一种大胆的、微微发亮的华美色彩。

虽然在这些神话题材的绘画中，提香主要探索的是不同色彩之间的不同寻常的组合及其取得的不同的色彩效果，但到了16世纪50年代末和60年代初，他开始在宗教题材的绘画中越来越侧重于对色彩的描绘，而抑制图像空间和人物形象的表现。藏于安科纳的《基督上十字架》（图117）以及《埋葬基督》（图119）、《头戴荆棘冠的基督》（图140）和《圣母领报》（图121、图124）都是典型的例子。特别是《圣母领报》，他通过巧妙运用色彩，同时模糊处理人物形象及其周围的景色，从而营造了一个梦幻般的世界，似乎画面讲述的故事是不切实际的一般。最后，这

图128（上图）《维纳斯将丘比特的眼睛蒙起来》，约1565年
布面油画，118厘米×185厘米
博格塞画廊，罗马

整幅画面都统一覆盖着一种全红色阴影，这在天空的颜色中表现得尤其明显。通过节俭使用蓝色和绿色，提香顺利完成了绘画的色彩方案。他决定不使用强烈而厚涂的高光，但在16世纪50年代，厚涂的高光画法正是提香作品的一个典型特征。根据古老的财产目录的记载，此画中的人物形象被认为或者是美惠三女神，或者是维纳斯与两位宁芙女神。事实上，这件作品表现的是将小爱神丘比特的眼睛蒙起来的维纳斯，以及拿着丘比特的短弓和箭矢的两位宁芙女神的形象。

图127（对页）《晚景中的圣母子》，1562—1565年
布面油画，174厘米×133厘米
巴伐利亚国家绘画博物馆，老绘画陈列馆，慕尼黑

艺术史家哈罗德·韦西已经将此画中的那个巨大而沉重的人物形象与桑索维诺和米开朗基罗的雕塑作品作了一番比较。此画的构图，从前景的人物到背景的空旷风景，让我们想起了提香及其工作室经常使用的一种肖像画类型。圣母所处的位置——她的下半身主要位于画面的中心，而上半身则转向了画面的左侧——进一步示范了提香在构图方面所具有的非凡天赋。他一直在寻找新的方式，不停创造各种权威的绘画法则。

图 129《阿克特翁之死》，约 1559 年或 1570—1575 年
布面油画，179厘米×198厘米
国家美术馆，伦敦

此画表现的是，被变成了一头牡鹿的阿克特翁正在遭受狄安娜的追捕，并最终被他自己的狗群撕咬至死。艺术家所写的信件表明，提香在 1559 年的时候已经开始计划绘制这件作品，同时创作的还有表现沐浴中的狄安娜的多幅绘画（图 125、图 126）。但是，之所以认为此画的创作时间更有可能比 1559 年要晚，完全是出于形式或风格的判断，比如在提香笔下，位于画面右侧、围绕阿克特翁的那片森林就溶解成了一片一片的色彩。

图 130（上图）《玛息阿的剥皮》，1575—1576 年
布面油画，212厘米×207厘米
州立博物馆，克罗梅日什

《玛息阿的剥皮》是 16 世纪六七十年代提香的所有色彩实验的集大成者。与《圣塞巴斯蒂安》（图 141）相反，此画是用无数颜色堆叠建构起来的。森林之神玛息阿参加了一场音乐竞赛，并挑战太阳神阿波罗。结果玛息阿输了，惩罚就是被活生生地剥皮。起初，这个令人恐惧的过程似乎消失在了闪闪发光的色彩背后。如果想要看清阿波罗已经开始剥玛息阿的皮了，那么你必须看得更加仔细。甚至还能看到一条小狗正在舔食这位森林之神的血液。

图131（上图）《基督与善良的小偷》，约1566年
布面油画，137厘米×149厘米
国家艺术画廊，博洛尼亚

关于将这件作品归在提香名下的说法，学界存在极大的争议。虽然颜色涂绘的方式与风格让我们想起了他的晚期作品，但主要通过钉住小偷的那个十字架的向右旋转营造出来的奇特的空间效果，在提香的晚期作品中却无一涉及。光线洒落的方式也是16世纪60年代提香作品的一个与众不同的特征。如果此画确实不是出自提香之手，那么，它也会是其他艺术家采用提香的风格元素创作的一件高质量的作品。

图132（对页）《谨慎主导的时间寓言》，约1565年
布面油画，75.6厘米×68.6厘米
国家美术馆，伦敦

这是一幅非同寻常的肖像画，它描绘了三个男人的形象：在画面左侧，位于狼头上方的是年老的提香；在中间，位于狮头上方的是提香的儿子奥拉齐奥；在右侧，位于狗头上方的是提香的侄子马可。他们代表了审慎主导的时间。画面上的拉丁铭文也与这个主题有关。虽然在文艺复兴时期，利用三个人的头部形象来象征一个人的不同年龄，利用三种动物的头部形象来象征谨慎，显得极为常见，但将它们作为一幅画的主题加以表现却是极不寻常的。由于提香是出于个人动机而创作了此画，所以我们大致可以推断，是他自己选择的这个母题。

图 133（对页）《总督弗朗切斯科·维尼尔的肖像》，1564 年之后
布面油画，114厘米×99厘米
提森博物馆，马德里

1554 年 6 月 11 日，弗朗切斯科·维尼尔（1490—1556 年）被推选为威尼斯的总督。他的统治维持了将近两年的时间，直到 1556 年 6 月 2 日。这幅肖像作品是一个杰出的例子，它典型体现了处于艺术生涯晚期的提香使用色彩的方式。此画并非由无数的色彩组合而成的。他只是在表现衣物的时候才巧妙使用了金黄的色调，从而加强了这位总督的纤弱之感。透过窗户，泻湖中的火光清晰可见，有关于此，学界还没有给出解释。但仅就色彩而言，火光与蓝色的天空形成了鲜明的对比。

图 134（上图）《自画像》，约 1566 年
布面油画，86厘米×69厘米
普拉多国家博物馆，马德里

提香的这幅晚年自画像表明，他对色彩的使用同他为总督维尼尔创作的肖像画（图 134）中的色彩一样精美。提香使用黑色和褐色阴影描绘这件肖像作品的方式，展现了一种技惊四座的精湛技巧。只有人物的面部是用微小的白色笔触凸显了出来。从来没有哪个画家在提香这个年纪还能成功创作出如同此画一般的绝世佳作。

图135（左图）《圣杰罗姆》，约1570—1575年
布面油画，137.5厘米×97厘米
提森博物馆，马德里

作为一名隐士，在萧索的荒野中面对十字架祈祷的圣杰罗姆，是提香在其漫长的艺术生涯中一而再再而三表现的一个主题。无数学者认为，此画是未完成的，因为画面的背景几近抽象。这位圣人的形象以及十字架的极富表现力的外观表明，这件作品是提香的一幅晚年佳作。

图136（对页）《圣杰罗姆》，约1575年
布面油画，184厘米×177厘米
埃斯科里亚尔修道院新博物馆，马德里

与提香的众多晚期作品一样，学界也就“此画在多大程度上是提香亲自创作的”这个问题存在合理的怀疑。的确，我们非常难以判断，此画中如此单调的人物形象是否确实为艺术家晚期作品的一部分。同样的疑问也适用于画面左侧的那些书籍和用以确定时间的沙漏。

图 137《西班牙救济宗教》，1572—1575 年
布面油画，168厘米×168厘米
普拉多国家博物馆，马德里

那个手里拿着圣餐杯和十字架的半跪着的女人是一个遭受异教巨蛇攻击的宗教的化身。穿着一件随风飘动的宽松衣服的女子是西班牙的化身，她正从画面左侧靠近，意图援助宗教。此画间接影射了西班牙在宗教战争所扮演的重要角色。同时，画面的背景也是对基督教舰队在 1571 年的希腊勒班陀战役中战胜土耳其人的纪念。

图 138（上图）《跪在信仰前面的总督安东尼奥·格里马尼》，1555—1576 年
布面油画，365厘米×500厘米
总督府，四门厅，威尼斯

虽然此画的委托创作时间最早可追溯至 1555 年，但直到提香去世的时候，它仍然处于未完成的状态。这不仅是艺术家为总督安东尼奥·格里马尼（1436—1523 年）创作的一幅还愿图像——他被表现为跪在信仰的一个化身面前，也是一则有关威尼斯的复杂寓言。在画面的背景处，这座城市的轮廓清晰可见，而在前景中，威尼斯的守护圣徒圣马可出现在了这位总督的对面。此画的大部分画面可能出自提香工作室的创作。

图 139（左图）《跪在信仰前面的总督安东尼奥·格里马尼》（图 138 局部），1555—1576 年

在背景中，圣马可大教堂的广场及其前方的泻湖和众多船只——威尼斯的财富与安全的保障——就像是涂上了一层薄薄的色彩迷雾。

般娴熟的色彩表现手法——通常独立于对象的自然色调——被应用到了神话题材的绘画创作中。这幅《阿克特翁之死》（图 129）——提香再次按照自己的方式表现了狄安娜这个神话题材——将 16 世纪 50 年代末 60 年代初的神话作品与这个时段的宗教作品联系了起来。此时，天空、大地和树木的色彩几乎没有差别。黄色、金色、褐色以及灰色调是整幅画面的主导色，在个别地方还伴有绿色、蓝色和一点点红色。只有明亮的金黄肤色以及衣服上闪亮的粉红色，才将狄安娜的人物形象凸显了出来。通过使用同样的红色描绘正被猎狗撕咬的阿克特翁身穿的衣物，提香突出了阿克特翁作为次要人物形象的角色。但是，狄安娜裸露的身体部分，与阿克特翁的鹿头一起，几乎融合成为了同一种黄色、褐色和灰色调，统治了整幅画面。只有通过色彩应用的方式，提香才能区分个别的物体和对象。相比较于他对树木的表现，提香描绘的天空显得更为平滑和柔软。在画树的时候，他用宽阔的、或多或少有些模糊的笔触来表现树叶。狄安娜的肤色经过了标准化处理，从而形成了一个光滑的平面，而她的裙子则在无数褶皱阴影的装饰下形成了色彩的渐变。在这幅画的左侧，即狄安娜站立的地方，提香愈加娴熟地使用了色彩，从而使绘画的表面看起来更加光滑。在画面的右侧，即表现阿克特翁的戏剧性死亡的地方，色彩使用得更为稠密，笔触也更加细腻，从而营造了一种永不停歇的运动态势，加强了阿克特翁周围的色彩旋涡的表现效果，给观者留下了深刻印象。通过这种方式，色彩以及色彩的使用方式便在决定图像内容的性质方面扮演了一个重要角色。另外一个例子是《玛息阿的剥皮》（图 130），这是一幅激动人心的晚年杰作。在这里，画面的颜色最初掩盖了正在上演的残酷暴行，但如果我们看得愈加仔细，这个场景的恐怖且丑陋的本质便愈加凸显了出来。此画的由灰、绿、沙和暗紫色调构成的怪异色彩，营造了一种愈加忧郁，甚至恐吓的情绪。

艺术家雅各布·帕尔马·乔瓦尼（1544—1628 年）曾用有趣的文字描述了提香的作画方式。他写道，提香开始作画的时候，习惯用一种多毛的粗画笔，寥寥几笔便勾勒出了对象的轮廓。随后，他会继续使用同样的画笔，就着其中残留的颜料遗痕，绘出五彩缤纷的光线映像。如果完成了当天的作画进度，那么他会将画布斜靠着墙壁，面朝下，让颜料任其自然地干涸，直到晚些时候继续创作此画。在作画的最后阶段，提香会使用大量不同的色彩，为了获得理想的效果，他通常用手指代替画笔将颜料涂在画布上。瓦萨里曾于 1566 年参观了提香的画室，并同样对这种作画技术有过生动的描述，显然，那些绘画给他留下了极其深刻的印象。在为提香所写的传记中，瓦萨里细致描述了这些绘画产生的艺术效果：“我们不宜从近处观之，站在一定的距离外，它们看起来就是完美的。这种作画的方法解释了为什么许多试图模仿提香并为自己贴上老练大师身份的艺术家所创作的都是一些笨拙粗陋的图像。这是因为，虽然在许多人看来，提香的作画过程看似不费吹灰之力，但事实远非如此，而那些持这种观点的人是在自己欺骗自己。”在 1935 年出版的一本专论提香用色的著作中，艺术史家西奥多·黑策极其恰当地总结了提香的绘画方法：“整幅画面似乎隐约闪烁着光的律动，五彩缤纷，令人炫目不已。提香当时更喜欢使用厚涂的颜料以及粗糙的粒面画布，致使绘画表面产生了无数的光影映像……每一平方厘米的画面，都与整幅画一样，具有相同强度的动势。所有的因素都达到了彼此之间的融合，没有什么显得无趣和呆滞，同样，即便是为了给人留下深刻印象，它也无须内置一个更加广阔的语境。我们所了解到的东西是关于一幅绘画的本质，即绘画是由无数的色彩原子组合而成的；每个色点都独立存在，而且与任何其他色点一样具有存在的有效性。”

但是，并非提香的所有晚年作品都严格遵循了这样的创作过程。当然，其中的一些作品还是刻意强调了色彩的造型，比如在这幅《圣塞巴斯蒂安》（图 141）中，人物和风景的形象似乎是从色彩中显现出来的，色彩似乎随意覆盖了画布的表面，并形成了一层厚重的色块，或者，用帕尔马·乔瓦尼的话说，就是一个“色彩的堆积层”。相反，这幅名为《西班牙救济宗教》（图 137）的寓言画，更多体现了色彩的渐变，过程极其微妙。但是，在这里，为了表现西班牙的化身所穿外衣的细腻而柔和的光泽，提香将色彩的绝对多样性演绎到了极致，带给我们相当大的震撼。从 16 世纪 50 年代末开始，提香的创作就没能再进一步，风格的发展就此停滞。他为每一件作品都详细制订了创作方案，正如帕尔马所描述的那般，其中一些作品的绘制历经多年之久。诸如《总督弗朗切斯科·维尼尔肖像》（图 133）等晚年作品，也体现了此类创作的方法。在这幅表现威尼斯总督形象的绘画中，采用金色丝线交错编织而成的华美长袍——也是《总督安德里亚·格里蒂肖像》的一个显著特点——经提香之手被调和成了一幅闪闪发光的模样，其外露的光泽似乎覆盖了整幅画面。通过柔和的用色，提香成功抓住了这位总督的性格特点：此人虽然在当政期间身体极为羸弱，但他的意志非常坚定。相反，在这幅表现艺术家的儿子奥拉齐奥和侄子马可的《谨慎主导的时间寓言》（图 133）中，提香主要通过光的使用，从而达到理想的艺术效果。象征过去的艺术家自画像消失在了黎明的微光中，甚至从物质上看，似乎消融在了其中。从侧面射过来的光线照亮了象征现在的奥拉齐奥，因此他的面孔有一半处在阴影之中；作为未来的化身，马可尚显年轻，他的脸被完全照亮了。

在提香晚年创作的《自画像》（图 134）中，他的形象几乎消融到了背景的黑暗之中。虽然，之所以会产生这样的效果，部分是因为绘画表面色素颜料的老化，某种程度上，这些色彩的亮度最初要比现在更高，但是，黑暗的整体效果是艺术家有意为之的。衣领上面的几乎纯白的高光，以及帽子下方的闪闪发光的头发，加强了人物面容的表现效果。人物头部周围的背景色显得稍微亮丽一点。如果有些东西对艺术家而言是比较重要的，那么提香也会予以突出表现。比如，他强调了金色项链以及手中握着的画笔——几乎是用黑色套着黑色一层一层画出来的，暗示了其娴熟的艺术技巧。他对暗色的使用，以及对技术的熟练掌握，共同营造了这样一种印象：画中的这个男人兼具力量和谦逊的智慧，他并不希望自己的艺术默默无闻，也不愿隐瞒自己的崇高身份。这幅肖像再次证明了提香的能力与个性，令人印象深刻。

提香最后留给我们的艺术遗产，即这幅为装饰自己的陵墓而绘制的《哀悼基督》（图 142）是一件未竟之作，就像他在生命的最后阶段创作的许多画作一样。提香最初的打算是为圣方济荣耀圣母教堂绘制此画，因为他希望自己葬在这座教堂。1576 年 8 月 27 日，提香在其位于大比利的住宅中去世。此前，威尼斯

图 140《头戴荆棘冠的基督》，约 1570—1576 年
布面油画，280厘米×181厘米
巴伐利亚国家绘画博物馆，老绘画陈列馆，慕尼黑

此画的构图与藏于卢浮宫的那幅《头戴荆棘冠的基督》（图 80）大致无二。但是，在这里，提香已然忽略了任何有关空间的定义。单个的绘画元素似乎是从黑暗的色块中显现出来的。如果不仔细看，绝对丰富的色彩层次非常难以察觉。芥末的黄色和间断的红色都为画面的前景提供了一些强烈的色彩高光。画面右侧的大部区域都没有画完。与提香晚年时期绘制的众多作品一样，这件作品也停留在未完成的状态。

刚刚爆发了一场严重的瘟疫，结果，为了降低被感染的风险，这座城市的权力部门——在医疗事宜方面具有先进的观点——颁布了法令，严禁举行安葬仪式。但凡事皆有例外，威尼斯的伟大儿子提香便在此行列，因为他的艺术已经对共和国的荣誉作出了巨大贡献。1576年8月28日，在一段简短的仪式过后，提香被安葬在了圣方济荣耀圣母教堂中。圣马可大教堂的教士也出席了提香的葬礼，并正式认可他为共和国最伟大的艺术家。直到19世纪，威尼斯才为提香塑造了一座纪念碑。接下来的几个世纪也涌现了伟大的艺术家，但他们却无一例外地反复言及提香。他的艺术以不同的方式影响了众多画家，比如尼古拉斯·普桑、彼得·保罗·鲁本斯、安东尼·凡·代克、迭戈·委拉斯贵支、伦勃朗、弗朗西斯科·戈雅、欧仁·德拉克罗瓦、爱德华·马奈和奥古斯特·雷诺阿，不一而足。17世纪的艺术家卢卡·乔达诺（1634—1705年）通过伪造提香的画作而一举成名的事实，也足以说明提香的艺术受到了世人的高度尊敬。

图141（左图）《圣塞巴斯蒂安》，1575年
布面油画，210厘米×115厘米
埃尔米塔日博物馆，圣彼得堡

这幅《圣塞巴斯蒂安》和《玛息阿的剥皮》（图130）在提香的晚年作品中算得上是最伟大的两幅杰作。此画的绘制仅仅使用了黑色阴影、金色和褐色，再加上几笔红色。画中圣人的身体似乎是从周围的颜色中显现出来的，作为增强色彩明暗度的一种手段。瓦萨里热情描述了提香的绘画方法，认为其创造的色彩块面"不能近看，只能远观"。就这幅画来说，瓦萨里的评价显得尤为适用。

图142（对页）《哀悼基督》，1576年，后来由帕尔马·乔瓦尼完成
布面油画，378厘米×347厘米
威尼斯美术学院画廊，威尼斯

提香计划将这幅画捐给圣方济荣耀圣母教堂，希望可以在那儿获得一块众人渴望的墓地。但是，终其一生，他都没能与修道院的修士达成一致意见。在提香去世的时候，此画还未完成，后来由帕尔马·乔瓦尼补完。此画描绘了逝世的基督及其悲恸的母亲，但也表现了抹大拉的形象，后者处在一种极不寻常的激烈运动中，有人将这种情景视为一个隐喻，暗指肆虐威尼斯的恐怖瘟疫，当时，提香正在创作此画。

艺术家年表

1488—1490 年 提香出生于皮耶韦－迪卡多尔。

1498 年左右 提香和他的兄弟来到了威尼斯。

1508—1509 年 提香为重建不久的芳达科大厦绘制壁画。

1510 年 提香为帕多瓦的圣学院教堂绘制壁画。这时，一场严重的瘟疫突然爆发，威尼斯成了重灾区，许多人因此而丧命，乔尔乔内便是其中之一。

1513 年 彼得罗・本博邀请提香前来罗马，为教皇效力，但他拒绝了。相反，他竭力为威尼斯当权政府提供服务。在一封请愿信中，他请求威尼斯政府授予他“共和国画师”的头衔，并要求共和国委托他为大议会厅创作壁画。同年，他在圣塞缪尔教区创建了自己的画室。

1516 年 他开始为费拉拉的阿方索・德・埃斯特绘制作品。同年，他也接受了创作《圣母升天》的委托。

1518 年 5 月 19 日 《圣母升天》揭幕。

1519 年 4 月 24 日 提香接受委托开始创作《佩萨罗祭坛画》。

1523 年 提香分别为威尼斯的总督府和费拉拉的阿方索・德・埃斯特创作了绘画。同年，他首次与曼图亚公爵费德里科・贡萨加二世取得了联系。

1526 年 12 月 8 日 《佩萨罗祭坛画》揭幕。

1528 年 应威尼斯圣若望及保禄大教堂的委托，提香开始绘制《殉教者圣彼得受难》。

1529 年 10 月 费德里科・贡萨加二世在帕尔马安排了提香与神圣罗马帝国皇帝查尔斯五世的首次会面。

1530 年 提香的服务对象主要是费德里科・贡萨加二世。同年，完成祭坛画《殉教者圣彼得受难》的创作。

1531 年 9 月 提香举家迁入位于圣坎奇亚诺教区的新居，并在那里度过了余生。

1532 年 提香与乌尔比诺公爵弗朗切斯科・玛利亚・德拉・罗维尔建立了联系。

1533 年 1 月 提香在博洛尼亚再次见到了查尔斯五世。他为这位皇帝绘制了一幅肖像画，此举让提香获得了巴拉丁伯爵和金马刺骑士的头衔。

1537 年 慕拉诺安杰利圣母院的修女拒绝了提香为他们创作的一幅题为《圣母升天》的绘画，而代替提香完成这个创作委托的人是波代诺内。

1538 年 8 月 提香最终完成了为总督府创作一幅表现战争题材的绘画的任务，但因为超过了约定的时间，威尼斯政府不得不撤销艺术家的“共和国画师”头衔，并将其授予了提香最大的竞争对手波代诺内。

1539 年 3 月 6 日 《神庙中圣母的引见》揭幕。提香重获“共和国画师”头衔。

1541 年 提香于米兰交付了他的画作《向军队致辞的阿方索・德・阿瓦罗斯》。

1543 年 在会见教皇保罗三世和神圣罗马帝国皇帝查尔斯五世之际，提香在布塞托为教皇绘制了肖像画。

1545 年 提香在儿子奥拉齐奥的陪同下前往罗马，途经乌尔比诺。他在塞巴斯蒂亚诺・德尔・皮翁博和乔吉奥・瓦萨里的陪同下观看了古典雕塑作品。他也见到了米开朗基罗。

1546 年 3 月 19 日 提香被授予罗马荣誉市民的称号，在这之后，他便回到了威尼斯。

1548 年 1 月 在查尔斯五世的盛情邀请下，提香前往奥格斯堡，直到 10 月才返回威尼斯。

1550 年 在查尔斯五世的要求下，提香再次前往奥格斯堡参加神圣罗马帝国的三政会。

1551 年 8 月 提香离开奥格斯堡，回到威尼斯。同年，他成为圣洛克教会组织的一名成员。

1556 年 彼得罗・阿雷蒂诺逝世。

1559 年 提香最年长的哥哥弗朗西斯科去世。

1566 年 提香要求科内利斯・科特授予他根据自己的绘画印制版画的权利。十人议会给了他这个权利，同时也将同样的权利授予了尼科洛・博尔德里尼。同年，提香与安德里亚・帕尔拉迪奥和丁托列托一起成为了佛罗伦萨设计学院的荣誉成员。

1575 年 9 月 24 日 提香将《西班牙救济宗教》这幅画交付给了菲利普二世。

1576 年 1575 年 6 月，威尼斯再次爆发了一场严重的瘟疫，死亡的阴影笼罩着这座城市，直到 1576 年夏天，这场瘟疫才最终停止了它的脚步，50000 人就此被夺去了性命。同年 8 月 27 日，提香逝世，虽然我们还不确定最终导致他死亡的到底是这场瘟疫还是他的高龄。不久之后，提香的儿子奥拉齐奥也在这场瘟疫中丧命。

术语表

条纹大理石馆（Alabaster Room）

指阿方索·德·埃斯特大公在其费拉拉宫中的私人书房。原先的室内装饰没有留存下来，因此我们只能猜测为什么这个房间会有这样一个名字。阿方索·德·埃斯特大公将乔瓦尼·贝里尼、提香和多索·多西创作的绘画作品藏于此处。

寓意画（allegory）

指或者通过一个人物形象（拟人化表现）或者通过一组人物和艺术对象，表现了一件具有某种抽象特点或思想的艺术作品。文艺复兴时期的寓意画通常影射了古希腊罗马的传说及文学，也会间接提及在中世纪时得到繁荣发展的基督教寓言故事和象征符号。

祭坛镶板（altar panel）

指一种在祭坛后侧或上方放置的绘画。早期的祭坛镶板都是独立的竖直放置，随着历史的变迁，它们逐渐成为了精美复杂的祭坛画的核心作品，这些祭坛画往往包含了几面镶板，外围是一个经过雕刻的框架结构。

祭坛画 / 雕塑（altarpiece）

指一种在祭坛后侧或上方放置的雕塑或壁画。许多祭坛画都非常简单（就是一幅单独的镶板画），然而有些却是巨大而复杂的作品，有些是绘画和雕塑的组合，外围是一个经过雕刻的框架结构。从 14 世纪到 16 世纪，祭坛画在欧洲艺术中算得上是最为重要的一种委托创作。在绘画和雕塑领域，正是通过祭坛画，有些最为关键的发展才得以产生。

阿卡迪亚（Arcadia）

指在希腊和罗马文学中，一个地方的人们过着充满了乡村朴素味道的惬意生活，这是一个世俗的乐园，众多牧羊人群居于此。

属性（attribute）

指一种象征性客体，传统上被用于识别一个特别的人，这个人通常是一位圣人。以殉教者为例，这个词在本质上往往指的是受难者以死殉教。

圣奥古斯丁修道会（Augustinians）

指一个成立于 1256 年、奉行圣奥古斯丁教义的托钵僧修道会，隶属罗马天主教会。在 14、15 世纪的时候，这个修道会迅速发展起来，因其学识和教义而声名大噪。文艺复兴期间，在人文主义的影响下，圣奥古斯丁修道会在寻求教会改革的过程中扮演了一个重要角色。

光环（aureole）

指环绕在一个神圣的人周围的一圈光芒或一个光环。

巴库斯（Bacchus）

指美酒和丰收之神，源于希腊和罗马神话。酒神的仪式（或酒神节）通常是狂欢且放荡的。

巴洛克（Baroque）

指艺术史中的一段时期（从约 1600 年到 1750 年左右）。从此种意义上讲，这个术语覆盖了无数的艺术风格与艺术家。在绘画和雕塑中主要存在三种形式的巴洛克：（1）奢华的展示，这种风格与天主教的反宗教改革和欧洲的专制主义统治相关，代表艺术家为贝尼尼和鲁本斯；（2）戏剧性的现实主义，代表艺术家为卡拉瓦乔；（3）日常性的现实主义，这种风格的发展在荷兰尤为常见，代表艺术家为伦勃朗和维米尔。在建筑中，巴洛克风格强调一种富丽堂皇的表现性效果，艺术家通过建筑的规模、对灯光和阴影的戏剧性使用以及日益复杂精细的装饰来实现上述效果。从狭义上讲，“巴洛克”一词通常指的是这三类形式中的第一类。

钟楼（campanile）

指一座教堂的钟塔，通常靠近教堂，但并不与教堂的主体相连。众所周知的例子包括威尼斯圣马可大教堂的钟楼，以及比萨教堂的“斜塔”。

意大利嫁妆箱（cassone，复数形式是 cassoni）

指在中世纪和文艺复兴时期流行的一种大箱子，通常用来盛放嫁妆，储存亚麻制品、文档或贵重物品。它们通常都经过了精心的雕刻和装饰，并且有时里面还绘有镶板画。据说曾经画过嫁妆箱的艺术家有波提切利、乌切洛和德尔·萨尔托。

古物 / 古典（classical Antiquity）

指古希腊罗马。古希腊罗马（古典）世界在文艺复兴中扮演了一个非常重要的角色。意大利学者、作家和艺术家都视他们自己的时代为中世纪之后古典价值的复兴（所谓的“文艺复兴”）。古希腊罗马的世界被认为是艺术、文学、哲学和政治学的黄金时代。但从一个时期到另一个时期，古典的价值观念发生了很大变化。对罗马文学的研究始于 14 世纪，学者们耐心地找寻、编辑和翻译了大量文本。15 世纪时，研究希腊文学、哲学和艺术——与对罗马建筑和雕塑遗迹的仔细研究一起——拓展了古典的概念并确保了古典的价值观仍然是思想与灵感的一个重要来源。

十人议会（Council of Ten）

指在威尼斯城邦中能够作出最高决定的机构或团体。作为城邦的首脑，总督的政治级别更高，但如果他想挑战十人议会作出的一项决议，他就必须合理利用个人的权威。这个机构的成员都是从元老院中挑选出来的，任期固定，其构成人员全是这座城市的贵族。

反宗教改革（Counter Reformation）

即 16、17 世纪时在罗马天主教会统治的地方兴起的改革运动。最初由内在的自我批判所推动，后随着新教势力的浮现，反宗教改革运动便有了更大的动力。反宗教改革运动导致教会首次强调宗教教导、传教工作和抑制异端学说及势力的重要性。在很多天主教国家，教会刻意扶植各种艺术的发展，以传递教会的教义等讯息，这些艺术作品通常非常直白地阐明了教会的教义，其目的是直接诉诸人的情感。支持反宗教改革的重要艺术家有贝尼尼、鲁本斯和卡拉瓦乔。

三政会（Diet）

指一种全体集会，参与者是来自神圣罗马帝国的神职人员和毫无政治经验的王位继承人。

总督（Doge）

指被推选出来的威尼斯城邦的首领。

多明我会（Dominicans）

即罗马天主教托钵修会的一个派别，由圣多米尼克于1216年创立，通过传教和恪守教义来传播信仰。多明我会是中世纪晚期最具影响力的宗教派别之一，诸如艾尔伯图斯·马格努斯和圣托马斯·阿奎那等人确定了其宗教上的理论权威。多明我会修道士在宗教裁判所中起带头作用。

达克特（ducat）

指一种在中世纪和文艺复兴时期通行欧洲的金币。

你们看这个人！（Ecce Homo）

指庞提乌斯·彼拉多在向人群引见耶稣的时候所说的一句话，源自圣约翰《福音书》（第19章第5节）。因此，在艺术中，画家通常是这样表现基督的：他被绑起来鞭打，头戴一顶荆棘冠，身上穿着一件鲜红的长袍。

圣方济各修道会（Franciscans）

指罗马天主教的一个修道会（于1223年得到了教皇的准许），由阿西西的圣弗朗西斯建立，成员尽是托钵的修士。致力于宽恕和传教工作的他们强调世人对贞洁圣母的尊重，在意大利艺术有关圣母形象的发展过程中，这个事实起到了极为关键的作用。早期圣方济各修道会的绝对贫困及时让位给了一种更为宽松的关于财富和资产的看法，因而在早期文艺复兴时期，圣方济各修道会的某些成员成为了最重要的艺术赞助人。

湿壁画法（fresco）

即一种在墙壁上作画的技术，这种技术解决的是怎样将色素颜料涂于湿（新鲜的）灰泥（湿壁画的最后一层灰泥）上的问题。用这种方式作画便是所谓的湿壁画法。颜料与变干的灰泥混合在一起，从而形成一幅历时长久也不会剥落的壁画。艺术家一天只能描绘一小块区域，当颜料完全变干的时候，这些先后描绘的区域——因为绘画的时间不同，所以在变干的过程中会呈现出稍微不同的色调——就会形成一幅完整的图像。在变干的灰泥上，艺术家可以进行些许的润饰和细节修补等工作，这种技术也可以称为干壁画法。

影线（hatching）

在素描、版画和绘画中，用一系列密集的平行线制造阴影效果，并因此形成轮廓线和三维效果。在**交叉影线**（cross-hatching）中，线条是交叠的。

人文主义（humanism）

即14世纪肇始于意大利的一个思想运动。以重新发现古希腊罗马世界为基础的人文主义，用人类与生俱来的道德尊严以及思想和创造潜力替代了中世纪的人生来弱小且罪孽深重的人性观。它所秉持的是以一种新的态度而非一套固定的想法来看待这个世界。文艺复兴时期的文化、艺术和哲学都反映了人文主义的思想。在某种程度上，人文主义也促使了现代科学的诞生。

图像学（iconography）

即对艺术作品的主题和象征符号而非风格的系统研究与识别。在一件具体的艺术作品中往往包含着多种象征形式。最初，图像学研究及鉴别的对象是古典肖像作品。文艺复兴时期的艺术大量利用了两种图像学的传统，即基督教以及古希腊罗马的艺术、思想和文学。

厚涂画法（impasto）

指艺术家用稠密的颜料作画的技术。

静谧至极（La Serenissima）

指威尼斯人为他们的城市所取的名字。

康布雷同盟（League of Cambrai）

指1508年神圣罗马帝国皇帝马克西米连一世和法国国王路易十二、罗马教皇尤利乌斯二世以及其他势力缔结的一个同盟，这个同盟名义上的目的是反抗奥斯曼土耳其人，但实际并非如此，它是一个反威尼斯的联盟，侵占了威尼斯的大片领土。最初，威尼斯遭受了巨大损失，但随着1510年这个同盟的名存实亡，威尼斯重新夺回了所有领土。

廊道（Loggetta）

指威尼斯圣马可大教堂的钟楼入口，因其雅致的建筑和雕塑而闻名。

样式主义（Mannerism）

指从1520—1600年间发生在意大利的一次艺术运动。从文艺复兴艺术（尤其是米开朗基罗和拉斐尔的晚期作品）发展而来的样式主义，拒绝文艺复兴艺术金字塔式的平衡构图及其协调效果，它所强调的是情感的强烈和意义的模糊不定。在样式主义绘画中，这种效果主要通过严重扭曲的透视及比例、复杂而拥挤的构图、强烈的有时近乎刺目或不协调的色彩，以及摆着夸张姿势的被拉长的人体形象来实现。在建筑中，样式主义对文艺复兴的艺术形式（主要在比例方面）进行了十分有趣的夸张处理，并大量运用了奇异古怪的装饰。后来巴洛克艺术的发展取代了样式主义。

圣母怜子（Mater Dolorosa）

即对圣母玛利亚哀悼基督被钉死在十字架上及其所受磨难的描绘。包括以下几种形式：圣母可以被表现为这样的形象：她的心被一把剑刺穿；或者站在十字架底部见证基督在卡瓦利（耶稣被钉死在十字架上的地方）升天；或者在基督被从十字架上解救下来的时候守护着他；或者将基督的身体放在她的腿上默默坐着（哀悼基督）。

油画（oil paint）

即一种绘画媒介，其中，颜料与干性油，比如亚麻油、胡桃油和罂粟油相混合。尽管在中世纪的时候，油画已经在艺术中有所应用，但直到 15 世纪初，凡·艾克兄弟才充分完善了这种绘画媒介。15 世纪 60 年代，油画这种绘画技术被传至意大利，而到了 15 世纪末，丹培拉（蛋彩画）就基本上被油画取代了。相比较而言，油画的优势在于其细节清晰、色彩丰富、色域更为宽泛。

调色板（palette）

指一种木板，艺术家可以在上面混调颜色，或指艺术家使用的色彩范围。

田园牧歌（pastoral）

与一种浪漫或理想的乡村生活映像相关；在古典文学中，指一个牧羊人、宁芙女神和森林之神群居的世界。

哀悼基督（Pietà，拉丁语）

即对圣母玛利亚和躺在其腿上的被从十字架上解救下来的基督的描绘。这个题材的发展始于 14 世纪的德国，在文艺复兴时成为圣像雕塑的常见主题。最著名的例子是米开朗基罗为罗马圣彼得大教堂创作的《哀悼基督》雕像（1497—1500 年）。

多联画屏（polyptych）

指由一系列面板固定在一起的一幅画（通常是一幅祭坛画）。一些多联画屏非常精巧，面板被安置在华美雕刻和装饰的木制框架上。杜乔的《基督像》（1308—1311 年）就是一个著名的例子。

裸童像（putti，单数形式为 putto）

即圆胖且赤身裸体的小孩童形象，通常是男孩，在文艺复兴晚期和巴洛克时期的艺术作品中最为常见。他们或者是神圣的（天使），或者是世俗的（维纳斯的陪伴者）。

15 世纪意大利艺术（Quattrocento）

特指意大利艺术的 15 世纪。这一术语通常被用来指示文艺复兴早期特有的一种新风格，特别是马萨乔、布鲁内莱斯基、多纳太罗、波提切利、弗拉·安吉列柯等人的作品。这一风格是从 14 世纪意大利文艺风格演进而来，而接着的下一种风格是 16 世纪意大利文艺风格。

宗教改革（Reformation）

指 16 世纪发生的一次运动，刚开始时是在罗马天主教会内部探索改革的方法和道路，随着运动的深化，最终导致了新教的建立。西方基督教界的这次大分裂产生了意义深远的政治后果，整个欧洲被分成了两个相互敌对的阵营。宗教改革的重要人物包括简·赫斯、马丁·路德，以及约翰·加尔文。在天主教国家，赞助艺术的仍然是教会和宫廷，但在许多新教国家，赞助艺术的权利日渐落入中产阶级的手中，而且，新的艺术主题发展起来，取代了被视为偶像崇拜的宗教图像。

渔人权戒（Ring of the Fisherman）

指教皇正式佩戴的戒指。首次提及是在 13 世纪，而从 15 世纪开始被普遍使用。这枚戒指刻有一幅表现罗马首任主教——使徒彼得，他的继任者是历代教皇——垂钓的浮雕图像，以及在任教皇的名字。

乡村生活（rustication）

指建筑中的石制品，其中会用到巨大的方形石块，通常这些作品的表面都会刻意留下粗糙的形态。预期的效果是体现出巨大和力量的感觉。

罗马沦陷（Sack of Rome）

指被神圣罗马帝国皇帝查尔斯五世的雇佣军劫掠的罗马。从 1527 年 5 月 6 日，他们一直占据着这座城市，直到 1528 年 2 月 17 日。

神圣对话（Sacra Conversazione）

一种对圣母子的再现方式，周围有诸圣徒相陪。尽管只有很少一些文学作品对此有过描述，但是作为一个主题，它很快便流行开来，并发展成为一种可以通过姿势、凝视和运动来展现的参与者间的互动。作品描绘的圣徒一般都是作品所在的这座教堂或祭坛所祭献的那个圣人，或是那些委托画家创作的赞助者所选定的人。

学校（scuole，单数形式为 sculoa）

指威尼斯的依附于行会的宗教和社会组织。它们通常都非常富有，而且作为威尼斯艺术的赞助人，它们扮演了重要角色。

从下往上（sotto in su）

指一种观看的视角，其中，观者从下往上观看人和物，而且用极端的透视短缩的方法加以表现。

书房（studiolo）

指文艺复兴时期宫殿中的一种小房间。富人和权力者们常在那里休憩、研究他们的珍本书，或冥想他们的艺术品。书房逐渐成了一个标示一个人的人文主义学识和艺术品位的象征之物。最知名的几个书房有：费德里科·达·蒙太费尔特公爵在乌尔比诺的书房，以及伊莎贝拉·德·埃斯特在曼图亚的书房。

蛋彩画法（tempera）

指绘画的一种方法，其中颜料和乳液及蛋黄或整个鸡蛋（有时是胶或牛奶）混合在一起。在 14 和 15 世纪，不管是面板绘画还是壁画，蛋彩画法在意大利艺术中被广泛使用，然后被油画取代了。蛋彩画颜色鲜艳、半透明，由于颜料干得很快，所以几乎没有时间去调和它们。通过在干燥的画面部分增加更亮或者更暗的色点或线条，从而创造出色调的渐变效果。

内陆（Terra Ferma）

指威尼斯共和国占有的大陆区域。

木刻（woodcut）

指一种用木板制作的拓印。艺术家先将图案画在一块光滑的木板上，然后进行切割，留下呈浮雕形态凸显出来的图案，最后进行拓印。制作木刻的人通常根据另外一名艺术家设计的图案进行雕刻。

参考文献

The Genius of Venice, 1500–1600. exhibition catalogue, London 1983

Titian, Prince of Painters, exhibition catalogue, Munich/Venice 1990

Le Siecle deTitien. exhibition catalogue, Paris 1993

Chiari Moretto Wiel, Maria Agnese: Tiziano Corpus dei disegni, Milan 1989

Dolce, Lodovico: Dialogo della pittura inititolato I'Aretino, 1557, ed. by Paola Barocchi, in Trattati d'arte del Cinquecento, II, Bari 1960–62

Hetzer, Theodor: Tizian. Geschichte seiner Farbe, Frankfurt a. M. 1935

Manca, Joseph (ed.): in Studies in the History of Art 45, Hanover/London 1993

Muraro, Michelangelo und David Rosand: Tiziano e la silografia veneziana del Cinquecento, Venice 1976

Pallucchini, Rodolfo: Tiziano, 2 vols., Florence 1969

Rosand, David (ed.): Titian. His worid and 1egacy, New York 1982

Tiziano e Venezia, Convegno Internazionale di Studi, Venice 1976, Vicenza 1980

Vasari, Giorgio: Le vite de'piu eccellenti Pittoti, Scultori e Architettori, 1568, ed. by Giovanni Milanesi. 9 vols., Florence 1878–1885

Wethey, Harold E.: The Paintings of Titian, 3 vols., London 1969–1975

图片版权

衷心感谢各大博物馆、收藏家、图书馆以及摄影师允许我们在这本书中复制这些图片。尤其要感谢斯卡拉图片馆（Scala photographic archives）的诚挚合作。